青春文庫

つい「気にしすぎる自分」から抜け出す本

ちょっとした心のクセで損しないために

原 裕輝

JN151251

青春出版社

はじめに

いい人、優しい人が損をしないために。心おだやかに生きるためのルール

気にしすぎ屋さんが、ついつい気になってしまうこと、ありますよね？

・メールの返信がなかなか来なかったり、ＬＩＮＥが既読になったのに、既読スルーのまま……。「なんか、気に障ること書いちゃったかなー」と気になって仕方がない。

・相手が忙しそうなときに声をかけてしまって冷たい反応。あぁ邪魔しちゃったなぁ。失礼なやつ、と思われたかも……とモヤモヤ。

・普段はやらないようなことを、たまたまやってしまって、それを注意された。いつもやっているような人間に思われちゃったかなぁ……と悶々《もんもん》。

・同僚がみんなで飲みに行く話をしているのに自分は誘われない……もしかして嫌われている？

・言われたひと言がずっと忘れられない……。

他にもまだまだ、たくさんありそうです。

頼まれると嫌と言えないのも、嫌だと言ったら、この人困るかなぁ、かわいそうだなぁ、気の毒だなぁと先回りして考えてしまうからなんです。

一人でどんどん深掘りして、まるでこのままいったら地球の裏側にまで到達してしまうんじゃないかというくらい考えてしまったりします。

こんにちは。原裕輝と言います。私は心理カウンセラーというお仕事をしています。一万件以上のカウンセリングをしてきましたが、その中でも、他人の言葉や態度を気にしてしまい心おだやかに過ごせていないというお話を聞くことが結構あります。

そういう人は、いい人や優しい人、責任感が強い人や真面目に生きている人に多いように思います。

だから、悪い人になりましょう！　ということを今回この本でお勧めしたいわけではありません(笑)。

いい人や、優しい人や、責任感が強い人や、真面目に生きている人が損をしないように、疲れてしまわないように、心おだやかに生きるための心のもち方のコツをご紹介したいと思います。

こんないい人たちが、どうして気にしてばかりの毎日を送っているのかというと、ちょっとした心のクセがあるからなんですね。

自分を大切にする気持ちが少なかったり、心のどこかで自分を好きではなかったり、自分を受け入れていなかったりするクセをちょっと軌道修正するだけで、周囲の声や態度が気にならなくなってくるのです。そして、心おだやかに過ごせるようになり、ストレスから解放されて気楽で心が軽い毎日がやってきます。人との関わりでも疲れないようになれます。

するとい心にも余裕ができるので、今まで「気にするストレス」に使っていたエネルギーが余ってきます。

そのできた余剰エネルギーを、興味があることにチャレンジすることに使えたり、あなたが楽しいと思えることに使えたりします。より活き活きとエネルギッシュに生きやすくなることと思います。

そんなことができる自分って素敵じゃないですか？　すると、自分のことをどんどん好きになり、自己肯定感があがるという素敵なスパイラルが生まれてきます。

あなたが気にすることが少なくなり、おだやかな気持ちで過ごせるように、この本がお役にたてれば幸いです。

つい「気にしすぎる自分」から抜け出す本

目次

はじめに……3

1章

どうして小さいことが気になってしまうんだろう？

～生きづらさを感じている、あなたへ～

一人反省会、していませんか？……14
反省は、こうしてどんどんうまくなる……20
できたこと、良いところを探してみると……24
他人から見たら小さなことでも、本人にとっては大きなこと？……27
「いい人でいたい」気持ちの根底にあるもの……30
心のどこかで「自分は悪い人間」と思ってしまう人がいる……34
「うしろめたい気持ち」になったときの注意点……43

2章

この世は「気にする人」と「気にしない人」に分かれてる

～その深層心理をさぐってみる～

からかわれたとき、傷つくか傷つかないか……50
クヨクヨする人、跳ね返せる人、ここが違う……59
寡をもって衆を制す作戦……66
人にどう思われているか気になる深層心理……70
自分が愛されているか不安でたまらないなら……83

3章

「気になる」のではなく、「気になるようにさせられて」いた⁉

～あなたの周りの迷惑な他人たち～

うんざりさせられる、自慢ばかりする人……90

イライラしていて、攻撃的な言葉を言ってくる人……96
↓恐れが根底にあり攻撃的になっているタイプ……100
↓罪悪感が根底にあり攻撃的になっているタイプ……106
↓助けてが言えなくて攻撃的になっているタイプ……116
↓自分の観念を人に押し付けて攻撃的になっているタイプ……125

4章

ささいなことが気にならなくなる小さな習慣

〜心のクセがちょっとだけ変わる考え方や思考、行動のヒント〜

「他人の目」に振り回されなくなるヒント……134
「失敗が怖い」気持ちは手放せます……139
人前で話す緊張をとく、プレッシャー解放術……142
小心者さんが、心で唱えてほしい言葉……148

うまくやろうと思わず、ベストを尽くす……153
誰か基準ではなく、私なりに頑張ったことを探そう……157
結果ではなく、あなたの善意、愛、努力、勇気を探そう……163
愛してくれてありがとう、助けてくれてありがとうを探そう……170
禁止していることを見つけて、ゆるめてみよう……175
楽しいことや、ラクを感じることを増やしてみる……179
やるべきことに追われがちな人のスケジューリング……183
忙しいリズムで動く人向けの何もしないデー……187
「しなければいけない」を「できればしたいなぁ」に変えていく……190

5章

今の自分を愛することからはじめよう

～ありのままを受け入れる、認める～

気にしない自分になる自己嫌悪活用術……196

誰かを批判しているとき、じつは自分を批判している……200
いつまでたっても変われないときは……204
気にしすぎ屋さんにある、こんないいところ……208
どんなときも自分の味方でいるという考え方……212
「ありのままの私で価値がある」と自分に言ってあげよう……216
おわりに……222

カバーイラスト
iStock.com／Chayapoll Tummakorn
本文イラスト
BONNOUM
本文デザイン
岡崎理恵

1章

どうして小さいことが気になってしまうんだろう？

～生きづらさを感じている、あなたへ～

一人反省会、していませんか？

あなたは、一人反省会をしますか？　それで心のエネルギーを消費して疲れていませんか？

世の中には、毎日がキラキラ輝いていて、人生には楽しいことがやってくる！というポジティブなイメージを持っている人がいる反面、日々ストレス三昧で、人生って大変なことばかり……というイメージを持っている方も、たくさんいます。

私は心理カウンセリングという仕事をしているので、なにかと生きづらさを感じている方のお話を聞く機会も多いのですが、よく一人反省会の話題が出ることがあります。

「友達の恋愛のことで友達に突っ込んだ質問しすぎちゃったかなぁ？　嫌な思

いを持たれていないといいけど……」

「今日はボーッとしてケアレスミスがあったなぁ、何回同じことをしてるんだ。バカ、バカ、バカ、私のバカ」

「友達にへつらわずに、自分の意見をもっと言えば良かったなぁ……」

などなど、仕事で、恋愛で、友達関係で自分のできなかったことや、ダメだったこと、いたらなかったことを振り返って反省してしまう。

学校の宿題でもなく、誰に言われたわけでもないのに、一人で延々と反省をしている……あなたも、やったことがありませんか？

一人反省会に多大な時間を使って疲れてしまうという方、なかには、1日に2時間くらいするという方も。24時間から寝ている時間を引いたら、そのうちの2時間って大きいですよね!?

それだけの大きな時間を一人反省会に費やしている。反省会の内容はさておき、この費やしている時間を考えただけで、心はヘトヘトになりそうです。

●いたらない自分を振り返る

なかには、その日一日を振り返って、自分が人にどんな接し方をしたのか、どんな言い方をしたのか、自分が人に接したシーン、人と交わした会話を順に思い出していって、「あの人への接し方は、もっとこうしたら良かったのになぁ」「あのとき、こういう言い回しのほうが良かったんじゃないかなぁ」という自己反省会の仕方をしている方もいらっしゃいます。

すごいですね。一日の記憶を思い出して、自分の言葉を検証していくんです。何度も何度もトライ&エラーを繰り返す製品作りのようです。ここまで真面目な反省会は、脳みそもフル回転。かなりエネルギーを使って疲れます。

これらはカウンセリングでお聞きした話ですが、あなたもこのようなことをしていないでしょうか?

●心の負荷を加減する練習

とはいえ、一人反省会をするのは悪いことではありません。

自分のことを振り返って、「次は気を付けよう」と訂正箇所を気にとめることで次の失敗を防げたり、次はより良い結果を招いたりできます。

このように、良いこともあるのですが、一人反省会をしすぎて心が疲れてしまい日々の活力を減らしてしまっているようなら問題です。

たとえば、ビタミンCがたくさんとれて、お肌に良さそうだとみかんを食べることにしたとします。

だけど、食べすぎると皮膚が黄色くなる柑皮症になったりします。お肌を美しくしようと思って食べたのに、食べる量の加減を間違えて、美しくなるという目的とは逆効果になってしまうわけです。

良いことでもやりすぎるとデメリットになることってありますよね。

一人反省会もそうです。メリット・デメリットがあります。

「次は気を付けよう」と軽く反省する程度なら心への負荷も少ないのですが、「なんていたらないんだ……」と自分を責めたり、「ダメ人間ぶりに嫌気がさす!」と自分を嫌いになってしまうと、心の負荷も大きいです。ここまでくると、もはや心はヘトヘトで疲労困憊。日々の生きるエネルギーである、気力、活力が一人反省会により削られていきます。

これは、一人反省会の加減に失敗しているのです。その場合は、一人反省会をする量を減らしていきましょう。

心の難しいところは目に見えないところだと思います。

お肌だと目に見えるので、みかんを食べて肌が黄色くなってきたら、

「お肌が黄色くなってきたから、みかんの食べすぎなのかな?」

と、やりすぎ、いきすぎの目安はわかります。だけど心は目に見える目安がないんですよね……。

「一人反省会メータが50の値を超したから、これはやりすぎなのか?」

というような目安があると便利なんですけどね。

目に見える目安はなくても、「次は気を付けよう」という反省ではなく、**自分を責めている感や、自分を嫌っている感を覚えているときは、おそらく、や**

りすぎ、いきすぎなのです。

そういうときは加減に失敗しているんだなぁと思ってくださいね。

自分を責めている感、自分を嫌っている感は、目に見えた目安ではなく、自分の感覚を目安にしてＯＫです。自分の感覚に自信がない人は、一日に一人反省会をする時間は何分までと決めてもいいでしょう。

たとえば、一人反省会を今まで毎日２時間やっているとしたら、これからは一日20分までと決めてしまう。日々の生きるエネルギーである、気力、活力が削られてしまう前に調整しましょうね。

反省するなら、何分まで、と時間を決める

反省は、こうしてどんどんうまくなる

あなたは、一人反省会をいつからし始めたのでしょう？　最近ですか？　社会人になってから？　大学生の頃から？　それとも中高生ぐらいから？　だいたいでいいので、考えてみましょう。

どうですか？　一人反省会をし始めた頃を振り返ってみてもらいたいのですが、その頃と比べて、今は一人反省会をする頻度が多くなっていませんか？　自分を責めたり、罰したりするのもうまくなっていませんか？　そうだとしたら、あなたは一人反省会を相当してきたのかもしれません！

●反省のスキルを磨いて、どうするつもり？

一人反省会をする頻度が多くなっていたり、自分を責めたり、罰したりするのがうまくなっているのには理由があります。

一人反省会を一つのスキルと考えてみましょう。

人から指摘されずとも、**一人で自分のいたらなかったところを見つけて、一人で反省して、修正を心がけていくというそんなスキル**です。

私たちはいろんなスキルを持っています。

人の話を聞くスキル。人前でスピーチを上手にするスキル。クロールで泳げるスキル。魚を3枚にさばけるスキル。パソコンでワードやエクセルを使うスキル。ピアノを弾くスキル。……などなど。

その一つとして、一人反省会のスキルを持っていると思ってみてください。スキルってどうやってレベルアップしていくのでしょう?

それは経験値を積むことによって、です。経験値でスキルアップしていきます。

たとえば、ピアノを初めて触った頃はうまく弾けませんよね?

楽譜を見て、下から2番目の線にある音符だからソかな……ソはドから数えて5番目の鍵盤かな……など考えながら弾きます。

しかし、頑張って繰り返し練習していくと、初見でもスラスラ弾けるように

なれます。

同じように、**一人反省会も繰り返ししていると、繰り返した分だけ経験値が増えていき、レベルも上がっていきます。**

自分のいたらなかったところを見つける、ということを繰り返していると、繰り返した度合いだけ練度が上がります。つまり、自分のいたらないところを見つけるのがうまくなります。

自分を責めたり、罰したりすることを繰り返していると、繰り返した度合いだけ自分を責める練度、罰する練度があがります。

やればやるほどあなたの反省会スキルのレベルは上がっていくのです。昔よりもいたらないところを見つけることがうまくなり、それを責めたり、罰したりしようとする心の動きもスムーズになり、うまくなるので一人反省会を開く頻度も多くなっちゃうわけです。

ということは、このままいくとますますレベルアップ！

ほったらかしにしておくと繰り返し一人反省会をすることになり、経験値が積まれ、ますます一人反省会を開催するのが上手になり、そしてますますレベルアップするという悪循環ができてしまいます。

あなたは、どこまで一人反省会のレベルをあげたいですか？

アマチュアレベル、オリンピック出場レベル？ プロレベル？ それともマスタークラスまで？

そこはアマチュアレベルで留めておいていいんじゃないでしょうか？

意図的に、一人反省会を開催する頻度や時間を少なくしましょう。

余計なスキルは磨かなくていい

できたこと、良いところを探してみると…

そもそも自分のいたらないところ、できていないところを見つけることを私たちは反復練習のように繰り返してきました。

覚えありますよね？

えっ！　ない！　いやいやあるはずですよ〜。

●誰もが、できないことをできるように練習してきた

できないことをできるようにするということを成長と呼びます。

幼い頃は歯磨きやパジャマのボタンも自分でできない時期がありました。でも、それをできるように求められてきたのです。

「歯磨きを自分ひとりでできるようになろうね」

「パジャマのボタンを自分で留められるようになろうね」

このように、「できないことをできるようにする」ことをパパやママに求められてきました。そして、それが成長でもありました。

歯磨きや、パジャマのボタンのような日常生活に関することだけではありません。私たちは自分のできていないことを見つけて、できるようにするということを、ありとあらゆるジャンルで繰り返してきたのです。

たとえば、学生時代の部活ではうまく入らないシュートを遅くまで練習したり、できなかった料理を一人暮らしを機に作れるようになろうとしたり、車の運転では苦手な縦列駐車をこのままではダメだとできるようにしたり……人に気を遣えるようになろうとしたり、「どうしたらいいの？」といつも人に頼っていたのを自分で考えてできるようにしてきたり……。

そうやって繰り返して行ってきたので、できていないところや、いたらないところに焦点を合わせるスキルが高くなっているのです。

人によってはスキルのレベルがあがりすぎてオートマチックに自分のできていないところや、いたらないところに焦点が合ってしまう人もいることでしょう（それはそれですごいスキルですね〈汗〉）。

●1日10個ずつの良いところ発見作戦

だからそこばかりに焦点を合わせてしまわないようにするために、**意識的にあなたのできたこと、良かったことを探す**こともしてみましょう。

「今日は、後輩のことを褒めてあげられたなぁ。後輩は嬉しそうな顔していたなぁ。褒めて自信をつけてあげることができた自分は良かったなぁ」

「彼氏が出張から帰ってくるからなにげなく空港に迎えに行ったけど、嬉しそうな顔してたなぁ~。迎えに行ってあげようと思えるのは私の良いところかもしれないなぁ」などなど。

一日10個ずつ自分のできたこと、良いところを見つけようと決めてみるのも良いと思います。毎日繰り返し行っていくと、その経験値が積まれていき、できたこと、良いところを見つけるスキルもレベルアップしていくでしょう。

「できないこと」より「できたこと」にフォーカスしてみよう

他人から見たら小さなことでも、本人にとっては大きなこと？

「こんなこと気にしてるって自分って小さいなぁ」「こんな小さなことが気になるってダメだなぁ」と思うことはありませんか？

「自分はお酒を飲んでないのに割り勘で同じ値段を払うのは損しているんじゃないかな？　そんなことを気にする自分はちっちゃい人間なのかなぁ？」

とか、

「同僚のほうが先輩に褒めてもらっている気がするなぁ。私が同じことしても褒めてもらえないのに……。でも、いい大人なのに子どもみたいなことを気にしてしまうって私ってダメだなぁ」

など、他人と比べて、自分は気にしすぎでは？　と思うこと、ありますよね。

たとえば、飲み会の席で同じくソフトドリンクを飲んでいた人が会計時に、「割り切れないお金の分は、私が出すよ」と言ったとします。

そんな声を聞くと、同じソフトドリンクを飲んでる人がそんなこと言っているのに、割り勘負けしてると、気にする自分はなんてちっちゃい人間なんだ！と思ってしまったり。

同僚が「誰かに認めてもらうために仕事をしてるわけじゃない。自己実現のために仕事をしているんだ」なんて話していると、褒められているとか、褒められていないとかを気にしている自分がダメなのかなと思ってしまったり。

●「気になること」の大きさはみんな違う

でも、他人にとっては小さなことでも本人にとっては大きなことってあると思うんです。

たとえばお金の感覚。実家住まいの人にとって千円という支払いは、そんなに気にするほどの金額じゃないのかもしれません。

しかし、一人暮らしをしている人にとっては、その千円の支払いはどうでしょう。一人暮らしをしながら奨学金を返済しているという人も世の中にはいると思います。そして、月末にはお金が足りない月もある。そんな暮らしをしている方には千円は大きく感じるかもしれませんよね？

そういう人は、高いお酒を飲んだ人と、安いソフトドリンクの人が同額ではなく、損しないようにきっちり精算したいと思うかもしれません。


褒めるということに関して考えてみましょう。

子どもの頃に親が妹ばかり褒めていて自分は褒められなかったという悲しい体験がある人がいたとします。

そういう人にとっては、先輩が後輩を褒めていて自分は褒めらてないというシチュエーションは、過去の悲しさを刺激してしまうものかもしれません。

同じ出来事でも人によって気になる気にならない程度の大きさは違うのです。

だから、誰かと比べて何かを気にしてしまう自分のことを、小さいなとか、ダメだなとかとは思わないでくださいね。


他人は他人。自分は自分。

「いい人でいたい」気持ちの根底にあるもの

いい人になりたいというテーマは素敵なことです。

だから、「いい人になりたいというのはやめましょうね」というわけでは全くありません。むしろ推奨したいくらいです。

しかし、気をつけたいのはココです。「いい人に思われたい」という気持ちの根底に、嫌われたくないとか、そうしないと愛されないという、〝恐れ〟がある場合、お勧めできません。

というのも、**恐れが根底にあり、それを土台とした「いい人に思われたい」気持ちが強すぎると、周囲の反応や評価が気になって、ストレスが溜まりやすくなる**からです。

「いい人に思われたい」心が強いということは、違う見方をすると「いい人」に思われなかったんじゃないだろうか？　ということが気になるのが強いという側面を持つと言えます。

「いい人」に思われるために、自分が思う「いい人」像に沿う振る舞いをしなければいけなくなります。

それは本来の自分で暮らしているのではなくて、いい人の仮面をかぶった自分を演じながら暮らしていることになります(この仮面のことを心理学ではペルソナと言います)。

つまり、そのままの自分でいるわけではなくなってしまい、どこかで無理をしながら暮らしているわけです。

無理をしているということは、疲れますよね?

「いい人」に思われたいというのが強いと、その無理をして演じている、自分が思う「いい人」像に沿うように人からちゃんと見られているのだろうか? が気になります。

うまく自分が演じられているのか? 演じている「いい人」の仮面の下の自分が人に見抜かれていないだろうか? ばれていないだろうか? が気になり

ます。そして、気にすることで心が疲れていくのです。

だから、根底に恐れがありながらの「いい人に思われたい」が強い場合は、「いい人」に思われようとするのは手放そうとか、思いすぎるのはやめようと心がけてみましょう。

●心のクセの軌道修正法

そんな簡単にできないよ……と思われるかもしれませんね。

こういうのはクセです。手放そうと思ってはいても、ふと気づくと「いい人と思われたいモード」にまた戻ってしまうはずです。だから、たとえ戻っても、意識しなおす仕組み作りをしてみるといいでしょう。

仕組み作りの具体例を紹介しますね。

メモ用紙に「いい人と思われるのを手放そう」と書いて、財布に忍ばせておきます。意識することを思い出すために入れておくのですね。そしてメモ用紙を見るたびに「いい人と思われるのを手放そう、と意識する」と決めておいてください。

コンビニなどで財布を開けるたびに、メモ用紙の端っこが見えます。そうすると、そのメモ用紙を全部開かなくても自分では何を書いて、何のために入れたかわかっているので、「そうだ！　私はいい人と思われたいというのを手放すんだ！」と意識できます。

財布って多くの人はほぼ毎日使いますよね？　しかも1日に何度も開きます。そうすると毎日、数度「いい人と思われるのを手放そう」と意識しなおすことになります。

この方法でなくてももちろん大丈夫です。自分なりに、自分のしやすい方法で、いい人と思われるのを手放そうと毎日意識をしてみる仕組みを作ってみてくださいね。

「いい人」を手放す練習をする

心のどこかで「自分は悪い人間」と思ってしまう人がいる

「いい人」に思われたい気持ちが強い人は、心のどこかで自分は悪い人間とか、悪い子とか、良くない存在だという誤解をしています。

意識できているレベルの人もいますし、深層心理に埋もれて普段は意識していなくても、心のどこかでそう思っている人もいます。

そのため、悪い人間、悪い子、良くない存在である自分（それは本人がそう思っている誤解であり、真実ではありません）を隠すためにいい人と思われようとするのです。

もし、あなたが心のどこかで自分は悪い人間などと思っていたとしたら、なぜそう思ってしまったのでしょう？　いつ頃からそう思ったのでしょう？

この世にオギャーと生まれてきたときに、

「私は悪い人間です。この世に存在してはいけない害のある人間です。生まれてきてごめんなさい」

という赤ちゃんだったとは考えにくいですよね？　そんな赤ちゃん、いません。

にもかかわらず、大人になった今そう思っているとしたら、赤ちゃんの頃と、今現在のあなたの間に何かがあって、自分は悪い人間とか、悪い子とか、良くない存在と思うようになってしまったと推測できますよね？

なぜ、そう思ってしまったのでしょう？

いつから、そう思ったのでしょう？

「あなた本当に悪い子ね」と誰かに叱られてきて、自分は悪い子なんだという思い込みを作ったのでしょうか？

誰かを傷つけた経験が、自分は悪い人間だという思い込みを作ったのでしょうか？

●悪い人間としての自分を隠すために

あるケーススタディです。

自分が悪い人間だと心のどこかで思っている女性がいました。

そんな自分のことを人に知られると人が離れていくという思い込みがありました。だからその人は悪い人間である（その人がそう思い込んでいる自分像であり、それが真実かどうかはまた別の話です）自分を隠すために、「いい人」と思われようと頑張っていました。そして、彼女は疲れていました。

なぜ自分が悪い人間だと思ってしまったのか？

いつ頃からそう思いはじめたのか？

彼女は自分と向かい合って考えることにしました。

すると、ずいぶん過去の出来事を思い出しました。それは過去の恋愛のことでした。

彼女は当時付き合っていた男性からプロポーズをされたことがありました。

しかし、結婚や家族を持つということに良いイメージを両親からもらえていなかった彼女は、結婚に抵抗感がありました。

生まれ育った家庭では、お母さんは姑問題で苦しんでいたり、子育てでいっぱいいっぱいで、いつも余裕がない状態でした。そのためお母さんは常にヒステリックで、そんなお母さんに子どもの頃の彼女はいつも怯《おび》えていました。

お母さんが気に入らないことを彼女がちょっとでもすると、お母さんの怒りスイッチが入ってしまうのです。そしてスイッチが入ったが最後、お母さんのヒステリーはとどまるところを知らなかったのです。

そんな家庭に育ったこともあり、結婚して家庭を持つことに関して彼女は良いイメージを持てませんでした。そして、お母さんのような人生になることを恐れていました（子どもの彼女の視点からは、お母さんの人生はいっぱいいっぱいで余裕がなく、幸せそうに見えなかったのです。結婚して家庭を持つ＝お母さんのようになるかもしれないというイメージを彼女は持っていたのです）。

自分が結婚して子育てをするときに、お母さんのようにヒステリックになって子どもを傷つけてしまうかもしれないということを彼女は恐れていました。

だから彼女は、結婚に抵抗があったのです。

結婚に抵抗があった彼女は彼のプロポーズを断りました。

彼女は、彼が家庭や子どもを持つという願望が強いことを知っていました。

このまま付き合い続けても、自分が結婚に踏み切れるような気持ちになれるかどうかもわからない。彼を待たせ、彼の時間を使わせ、家族や子どもを持ちたいという彼の夢を台無しにしてしまうかもしれないと思った彼女は、プロポーズを断るだけではなく、彼と別れることにしました。

彼女から聞かされた別れに、彼は泣いていたそうです。彼の涙を見た彼女は、**自分は人を傷つける悪い人間だという自己イメージを作ってしまった**のです。

結婚する気もないまま人と付き合い、そして結婚を申し込まれたら、それを断る自分は勝手な人間だと彼女は自分のことを悪く思っていました。

●いつから自分は悪い人間になった?

その話をお聞きして、私はあることを思いました……。

結婚は幸せになるためにするものです。抵抗があるまま彼のプロポーズを彼女が受けても幸せにはなりにくいでしょう。そして彼女が幸せを感じない結婚をしても彼も幸せではないでしょう。だから私は彼女がとった選択は良かったんだと思いました。

そして本当に悪い人間だったら、彼を傷つけたと長い間気にはしないはずです。彼の想いに応えられず彼のことを傷つけたと長い間気にしている彼女は本当に「いい人」なのでしょう。

そう思った私はそのことを彼女に伝えました。そうやってカウンセリングで2人で話していき、彼女が持っている「自分は悪い人間」だという誤解を解いていきました。ついでに、生まれ育った家庭で身に付いた結婚へのネガティブなイメージをやわらげていきました。

彼女は、自分がなぜ自分が悪い人間だと思ってしまったのか？　いつ頃からそう思いはじめたのか？　を考えていくことで、そう思い込んだきっかけを見つけて、その思い込み（誤解）を解いていったのです。

自分への誤解がなくなった彼女は、「いい人」と思われるように振る舞おうとする心理も持たなくなりました。周囲の目も気にしなくなり、彼女は楽に暮らせるようになりました。

結婚へのネガティブなイメージがやわらいだ彼女は、その後付き合った別の男性と結婚することになりました（おめでとうございます。よかったですね）。

なぜ自分が悪い人間だと思ってしまったのか？

いつ頃からそう思いはじめたのか？

自分と向かい合うことにチャレンジしてみてくださいね。

自分と向き合うことで、先ほどの彼女のケースのように、その誤解を解くことができます。考えてみることで見つかることがありますから。

●自分と向かい合うコツ

さて、考えるときのコツをご紹介しますね。それは自問していくことです。

「もし仮に自分が悪い人間だとか、悪い子だと思っているとしたらどんなふう

に自分を悪く思っているのだろう？」

「もし仮に自分のことを良くない存在と思っているとしたら、どんなふうに良くない存在と思っているのだろう？」

と自問してみてください。

もし仮に、そういうのがあったとしたら……という仮定で考えはじめたほうが見つけやすくなることが多いです。

そうやって、普段あまり意識していなかったネガティブな自己像を見つけられたら、次は「いつぐらいから思っているのだろう？」「何があってそう思ったのだろう？」なども自問してみてください。

そうしていくと、誤解の経緯も見つけられることがあります。

意識していないところで思い込んでいるときは誤解は解けませんが、**自覚できれば、誤解を解くことができます。**

「誤解だから、自分は悪い人間だと思い込まなくていいんだ」と自分に言い聞かせることができますよね。

そして、心のどこかで思っていた、自分は悪い人間とか、悪い子とか、良くない存在という誤解をなくすことができれば、それを隠すために「いい人」を演じようとする心理もなくなります。

すると「いい人」に思われたいという思い自体がなくなり、気にして疲れてしまうこともなくなります。気にしなくなるのです。

もし、あなたに自分を悪く思っている誤解があれば、その誤解を解くことにチャレンジしてみてください。

自問してみると、意外な自分が見つかる

「うしろめたい気持ち」になったときの注意点

補償行為という言葉があります。これは文字通り何かを補う行為です。

たとえば、ある家族持ちの男性が会社帰りに同僚を誘って飲みに行ったとします。飲みに行く前に奥様に電話をして、「ごめん、会社の付き合いで飲みに行かなきゃいけなくなったんで、少しだけ遅くなるね」と言いました。

本当は自分が飲みに行きたくて同僚を誘ったのですが、幼い子どもを奥さん一人に面倒を見させているといううしろめたさから、素直に飲みに行きたいと言えなかったのです。

奥さんは快く「はいはーい、了解しました」との返事。奥さんの了解をもらったその男性は同僚と飲みに行き、お酒を飲んでへべれけになり、気も大きくなって言いました。

「2軒目行こう!」と。そして2軒目も楽しみ、だいぶん遅くなってからお家に帰るのです。

●よかった、怒られなくて

家路に帰る際、歩いていると少し酔いが醒《さ》めてきて冷静になり、あることが頭によぎります。

「少し遅くなるって言ったけど大分遅くなったよなぁ」「奥さん一人で子どもの面倒見てるんだよなぁ。うしろめたいなぁ」「奥さん怒ってないかなー」と。うしろめたさがあった男性は、家に帰る途中のケーキ屋さんでケーキを買います。そしておうちに帰って「はいお土産」と、奥様にケーキを渡すのです。

ケーキをもらった奥様は目をキラキラ輝かせて、「わー、うれしい。ありがとう」と喜びます。その反応を見て男性は思うのです。

「よかった、怒られなくて」と。

この男性は奥様にうしろめたさがあったので、埋め合わせ行為としてケーキを買ったわけです。こういう**埋め合わせの行為を補償行為といいます。**

うしろめたさ（罪悪感）があったりすると、これをするから勘弁してね、これをするから機嫌直してね、これをするから怒らないでね、という気持ちが入った行為をしがちになります。

しかし、補償行為で得られるものはあまりないです。

得られるものは「よかった、怒られなくて」「よかった、機嫌が良くて」「よかった、何も言われなくて」というような防衛が成功できたというものぐらいです。罪悪感を埋め合わせるために何かをするという行為は、どうも**労力のわりに得られるものが少ない**ようです。

先ほどの男性も奥さんにケーキを買って帰るという良いことをしているにもかかわらず、得られたものは、「ケーキを買って帰ってよかったなぁ」「喜んでくれている。嬉しいなー。やってよかったなぁ」という満足感、達成感、感動ではなくて、「よかった、怒られなくて」だったわけです。

●うしろめたさ、ではなく、愛からの行動にする

補償行為は労のわりには得られるものが少ないです。

だから、**申し訳ないから何かしよう、怒られたくないから何かしようというのはやめて、愛から何かしよう**と思ってみましょう。

先ほどの男性にたとえると、うしろめたさと、奥さんに怒られないようにするためにケーキを買うのではなく、「一人で子どもを見てくれていた奥さんに、感謝の気持ちをこめてお土産を買おう」とか、「奥さんを喜ばせたいからケーキを買って帰ろう」と思ってみるのです。

ケーキを買って帰るという行為は全く同じなのですが、罪悪感からの補償行為ではなく、愛からそれをしてみようと思ってみるのです。

やることは一緒、使うカロリーも一緒、違うのは動機が罪悪感ではなく、愛からするということです。ただ、それだけ。ただ、それだけ変えるだけで得られるものはずいぶんと違ってきます。

あなたは罪悪感から何かをしたいですか？　愛から何かをしたいですか？

愛から何かをしたいと思った人は、自分が日頃それをできているのか、まずは普段はどんな動機で行動していることが多いのかをチェックしてみるといいでしょう。

何かをするときに、愛からしているのか、それ以外の気持ちからしているのか、ちょっと立ち止まって自問してみてください。

もし愛以外の気持ちからしようとしていると気づいたときは、愛から何かすることを選ぼうと、その都度《つど》選択してみましょう。

もし愛以外の気持ちから何かしていることが多かったとしても、愛から何かすることを選ぼうと選択し続けていくと、それがクセになってきます。そして、やがて愛を動機として何かをするというのが自然になってくるでしょう。

奥様がケーキを喜んでくれたのを見ると、「買ってよかったなぁ」「やってよかったなぁ」という満足感、達成感、感動というものが心に入ってくるのです。

お金があっても、マイホームを買っても、高級車を何台持っていても、それが=《イコール》幸せとは言えないでしょう。そういう物理的なことではなく、それらを持つことによる満足感、達成感、感動などの感情によって幸せかどうかは決まっていくのです。

ネガティブな感情を感じながら生きていくのは幸せではありません。また無感動と無感覚で生き続けることも幸せとは言えないでしょう。もし仮に、私たちの人生の目的が幸せになるということであれば満足感、達成感、感動を感じる瞬間を増やすというのは大切なことだと思います。

申し訳ないからということを気にして、怒られたくないからを気にして、それを補償するために何かするのは、人生に満足感、達成感、感動を少なくするという大きな損を招きます。

だから、何かするときはできるだけ愛からしてみましょう。

常に愛を見ていけるといいですね。

満足感、達成感、感動の瞬間を増やそう

2章

この世は「気にする人」と「気にしない人」に分かれてる

～その深層心理をさぐってみる～

からかわれたとき、傷つくか傷つかないか

世の中にはからかう言葉を気にする人もいれば、気にしない人もいます。気にしない人になれると強いですね！

まずは前おきから。説明をわかりやすくするために、頭髪の量が薄いとか、体重が重めのことを、ハゲとかデブという過激な発言を使わせてもらっています。決してそういう人を貶《おとし》めたり、傷つけるためにそういう表現をしている意図ではありません。

たとえば、ハゲている人に「ハゲ」とからかうと、多くの場合、ハゲている人は傷つきますよね？

デブの人に「デブ」とからかうと、デブの人は傷つきますよね？

しかし、世の中には「ハゲ」とからかっても傷つかないハゲの人もいれば、

「デブ」とからかっても傷つかないデブの人もいます。

傷つくどころか、からかうと「なんだい？　チェケラッチョ！　ハゲラッチョ！」とか、「デブってないよ、最近ガリガリで100キロ切ってしまったわー」など、からかわれても傷つかず、ユーモアで返す人もいます。

「ハゲ」とか「デブ」と言われて傷つき気にする人と、傷つかず気にしない人の違いはなんでしょう？

●傷つく心の4つのキーワード

キーワードは**自己否定、自分のことを悪く捉えている、同意、自己肯定**の4つのキーワードになります。

「自分はダメだ」「自分は良くない」「自分は劣っている」など私たちは**自分を否定**してしまうことがあります。

何かと比べて自分が劣っていると感じたときに「自分は劣っている」と自分を否定してしまうこともあれば、自分の力のなさを感じてしまうときに「自分は何の役にも立たない人間だ」と自分を否定してしまうこともあります。

また、「この集団に必要とされる価値は自分にないんじゃないか？」と自分の価値をうまく感じられなくなったときに自分を否定してしまうことがあります。自分を否定しているときは自分で自分を傷つけている状態になっています。

頭髪が薄いことや、太っているということに自己否定をしていると「ハゲ」とか「デブ」とからかわれることに傷つきます。

自己否定をしているということは、つまり頭髪が薄いこと、太っていることが、劣っていること、良くないこと、恥ずかしいことのように否定的に思っているということです。

自分で自分の外観的なことを**悪く捉えている**のです。

からかってくる相手が外観的なことを「ハゲ」とか「デブ」とか、まるでそれが劣っているかのように、良くないことかのように、恥ずかしいことかのように扱ってくることに関して、自己否定をしていると、自分でもそう思っているので、相手が扱ってくるその否定的な扱い方に**同意**してしまい傷つくのです。

つまり、「自分の外観が他の人と比べて劣っているとか、良くないこととか、恥ずかしいことのように『ハゲ』と相手が言う。でも、じつは自分もそう思っている。相手がそうやってからかうということは、やはり（自分でも思っているように）『ハゲ』というのは、劣っていることや、良くないことや、恥ずかしいことなんだな」と同意してしまい傷つくのです。

しかし、頭髪が薄いこと、太っていることを自己否定をしていない人は、からかわれても「やっぱり劣っているということだよね」「やっぱり良くないことだよね」「やっぱり恥ずかしいことだよね」とは同意しません。

「確かにハゲているけど、それが何か？　それが自分が劣っているということではないし、良くないことでもないし、恥ずかしいということでもない、私の人としての価値がそれで揺らぐわけではない」と相手の否定的な言葉に同意をしないので傷つかずに、ユーモアで返せたりするわけです。

あなたがからかわれて気にしてしまう言葉があったとしたら、それはあなた自身がそのポイントを劣っていることのように、良くないことのように、恥ずかしいことのように思っているのです。

これは、どうしてそう思ってしまうのでしょう？　この**自己否定の呪縛を解き放つのが、自己肯定**、です。

あなた自身がそのポイントのことを「自分が劣っているということではないし、それが良くないことでも、恥ずかしいことでもない。私の人としての価値がそれで揺らぐわけではない」とご自身のことをまずは、肯定してあげてください。

●肯定するスキルは最強の武器になる

人によれば、うまく肯定できない人もいるかもしれません。最初はうまくできなくても大丈夫です。1章の『反省は、こうしてどんどんうまくなる』（P.20参照）で、スキルとは経験値を積むことでレベルアップしていきます、と書かせてもらいました。

それは自分を肯定するスキルに関しても同じことが言えます。

最初はうまくできなくてもいいので、毎日毎日、自分を肯定しようとしてく

ださい。そして、それを続けてみてください。

あなたがどんな否定をしているかによって、どんな肯定の仕方ができるかが変わってくると思います。

たとえば、ハゲていることがまるで良くないことのように思っている人は、「ハゲていることが人として劣っているということではない、だからこれで私は良いんだ」と、人として劣っていることではない、だから否定する必要がないと理解した上で自分を受け入れてあげるという肯定の仕方をすると良いでしょう。

また「自分は他の人と比べて仕事が遅い」と、感じているような場合は、「他の人と比べて遅いところもあるかもしれないけれど、その分私はミスが少なく人に安心してもらえる仕事ができている。自分には自分の良いところがあるから劣等感なんて抱かなくていい」など、同じ仕事というジャンルで自分の良いところを探してみる肯定の仕方をするのも良いと思います。

「自分はリーダーシップがとれなくてダメな人間だな」と思っている場合は「リーダーシップはとれてないけれど、私なりにみんなを引っ張っていこうと努力している。私は私なりに頑張っているからこれでいい」というように、完璧にはできていないけれど自分は努力しているからこれでいい、と努力している自分を認めるという肯定の仕方も良いと思います。

自分がどんな否定をしているかで、どんな肯定の仕方ができるかが変わってくると思いますが、どんな肯定の仕方でもOKです！

●朝昼晩にできる秘密のレッスン

なにかしら、自分のことを肯定できるやり方がないか探してみたら、一呼吸、二呼吸くらいで言い切れるくらいの短い文章で自分を肯定する文章を作ってみましょう。

たとえば先ほどの、「リーダーシップはとれてないけれど、私なりにみんなを引っ張っていこうと努力している。私は私なりに頑張っているからこれでいい」というように。

そして毎日**朝、昼、晩と3回自分を肯定する文章を唱えてみましょう**。多く感じるかもしれませんが、心の中で唱えるなら1回あたり2秒くらいでできます。3回唱えても6秒ほどです。簡単にすぐできそうでしょう？　そうやって肯定する経験値を積んでみてください。

経験値を積むことで、あなたの「自分肯定スキル」はレベルアップしていくでしょう。最初は自分をうまく肯定できなかった人も、レベルアップすればやがて肯定できるようになっていきますから。

また、自分一人で肯定することもできますが、人の力を借りるとより自分のことを肯定しやすくなるでしょう。他人に、肯定的な言葉をかけてもらうという方法もあります。

「自分が劣っていると思っているところだけれど、それは劣っていることではないと思えるようになりたい」という旨を相談し、人から「そんなの気にすることないのに」とか「そんなことで、自分を劣っているなんて思わなくていいのに」という言葉を何度もかけてもらうと、より自分のことを肯定しやすくなるでしょう。

肯定的な言葉の援助が得られると、1人で黙々と作業するよりも、自分を肯定しやすくなるでしょう（ただ、この方法をとる際は「それは劣ってるから気にしたほうがいいよ」などと言わなさそうな信頼できる人を選んで相談してみてくださいね。相手はからかうつもりや冗談のつもりかもしれませんが劣等感があるときは、冗談にならずショックを受けてしまうことがありますから）。

そうやって自己肯定感が高まると、からかわれても気にならなくなりますから。

肯定的な言葉は、心の養分になる

クヨクヨする人、跳ね返せる人、ここが違う

将来の夢のためにある資格をとろうと試験に向かって勉強をしていた人がいたとします。合格率も低く、その資格に受かるために専門の学校に行く人もいるような難しい資格です。

仕事が終わってから毎日深夜1時、2時まで勉強し、休日はスタバに行ってお茶をしながら勉強をする。プライベートを楽しむのを返上して将来の夢のために勉強を頑張っていました。

しかしながら、頑張ってみたものの資格試験の結果は不合格。これで不合格は2回目。どうやら2回とも実技試験で落ちてしまった模様。

そんなとき、心ない友人がその人の頑張りに対して、こんな言葉を言ったとします。

「また実技試験で落ちたんだって？　2回とも実技試験だよね？　前回の落ち

たポイントがわかっていて、なんで同じところで引っかかるの？　頑張りが足りなかったんじゃないの？　もしくは、そもそもその資格があなたに向いてないのかもしれないね」

と、日本刀で切り刻むかのように批判的な言葉。人によってはこの言葉で致命傷を負って、立ち直れないダメージを受けるかもしれません。

こういう心ない言葉を言う人って、あなたの周りにはいませんか？

あなたが頑張っているにもかかわらず、それを批判したり、否定したりする言葉を言う心ない人も世の中にはいるでしょう。

そんなとき、あなたはその言葉に傷つき、クヨクヨと引きずってしまうほうですか、それとも、そんなにクヨクヨしないタイプですか？

もしクヨクヨしてしまうタイプだとしたら、できればクヨクヨしないタイプになりたいと思いませんか？

その秘訣は……あります！

●傷つかない秘密の法則

世の中には批判する言葉、否定する言葉に強い人がいます。
その言葉を跳ね返し、引きずらず、クヨクヨせずにいられる鋼《はがね》のような強さのメンタルを持っている人がいます。その強さがある人とない人はどこが違うのでしょう？

それは、先ほどの「ハゲ」とからかっても傷つかないハゲの人もいれば、「デブ」とからかっても傷つかないデブの人もいる話と同じ法則なのです。

これも自分を肯定的に捉えているということが秘訣なのです。

ハゲている、太っているなどの外見的なことだけではなく、頑張っていることに関しても自分でそのことを肯定的に捉えられていると、同じように否定的な発言に同意をせずに傷つかずに済むのです。

たとえば、先ほどの資格試験で言うと、気にする人は、資格試験に落ちたという結果を、受かっている人と比べてしまいます。そして、

「合格という結果を出せている人がいるのに自分は不合格ということは能力が低い人間なんだ」

と誰かと自分を比較し自分を否定してしまったり、結果が出なかったという自分の力の足りなさを責めて自分を否定したりします。

緊張で実力が出せなかったことが不合格の要因だとしたら、

「緊張して実力を出せない自分なんて大っ嫌い。自分ってダメだ」

と緊張してしまう自分を嫌い、否定します。なにかしら自己否定的な捉え方をしてしまうのです。

しかし、

「私は私で精一杯、資格試験に合格するために1年間頑張って勉強してきた。実技試験も受かるように私なりに頑張って練習をしてきた。私は私でよくやってきた。何もわかってない他人にとやかく言われる筋合いはない」

と自分の頑張りを肯定できていると、心ない言葉を跳ね返すことができ、傷ついてクヨクヨすることを避けられるのです。

●「私は頑張っている」の呪文

もう一つ、たとえ話を。

自分の要領の悪さを気にしている人に職場の上司が、

「頼んでおいた仕事どうなっている？　まだできてないの？　本当に要領悪い奴だなぁ」

と心ないひと言を言ったとします。

そうすると、自分で自分のことを要領が悪いと気にしている劣等感という傷口に、上司から塩を塗られるようなものですから、痛くて仕方がありません。ダメージを受けて、その後もその傷を引きずりクヨクヨしてしまうのです。

いますよね……こういう心ない言葉を言う人。相手がどんな気持ちになるか考えずに自分の思い通りにならないことへのイライラのはけ口として批判的な発言、否定的な発言をしちゃう人。こういう人から心を守るためにも**自分を肯定することが必要**なのです。

「たしかに私は要領よく立ち回れるタイプじゃない。だけど、私は私なりのべストを尽くしている。仕事の期限もちゃんと守ってやっているから非難される謂《いわ》れはない。私はちゃんと頑張っている」と、自分の頑張りを肯定できていると、心ないひと言が心に刺さることなく、跳ね返すことができ、クヨクヨ気にしなくてすむのです。

●肯定パワーVS否定パワー

あれ？　私は自分が頑張ったことを肯定しているのに、傷ついてクヨクヨしがちだなぁ？？？　という方もいらっしゃるかと思います。

それは自分の肯定パワーより、相手の否定パワーが巨大なのかもしれません。

自分の頑張りは肯定しているのでしょうが、それ以上に相手からの否定の言葉、批判の言葉のパワーが強いんだと思います。相手の否定パワーがあまりに強いので、肯定していてもその言葉を跳ね返せず傷ついちゃうんです。そういうときは、より強く肯定することが必要です。

より強く肯定するために、鏡を見る度に「自分はちゃんと頑張っている」と鏡に写る自分に声をかけてみるのもいいでしょう。鏡を見るたびに自分を肯定する機会が増えますから。

鏡の自分に声かけしよう

寡をもって衆を制す作戦

自分の頑張りを肯定しているつもりだけど、相手の否定的な言葉、批判的な言葉のパワーが強くてどうも負けてしまう。だから、より強く自分のことを肯定して気にならないようにしたいと頑張っているがどうもうまくいかない。

そんなときは一人で頑張らず誰かに支えてもらってください。

寡《か》をもって衆《しゅう》を制すという言葉があります。少数の勢力が力を合わせると多数に勝てるという意味です。

●誰かの力を借りてみよう

一人で頑張らずに、相手の否定的な言葉、批判的な言葉を受けて気にしてしまっていることを誰かに相談してみましょう。そして、励ましてもらったり、肯定してもらったりしてください。

同僚、友人など、誰でもいいので、あなたの味方になってくれそうな人にお願いしましょう。営業をしているわけではないのですが、もし、そういう人が身近にはいない場合はカウンセリングなどを使ってみてください。

また、ネットで検索すると自己肯定感をあげるワークショップとか、自分を認めるための講座などがたくさん見つかるはずです。そういうワークショップや講座には、自分のことを肯定できるようになろうという価値感の人が集います。ぜひ出向いていって、前向きな価値感を持っている人たちと、お友達になってみるのもよいと思います。

そういう人が友達になると、その人は、きっとあなたの頑張ったことなども肯定したいと思ってくれるはずです。「場」を有効に使うのも一案です。

●人からかけてもらう言葉にはパワーがある

相手の否定的な言葉、批判的な言葉のパワーが強大なら、あなたに味方をつけて、あなたを肯定する勢力を多勢にして強大なパワーに立ち向かいましょう。

支えてくれる人が1人で足りなければ2人に、2人で足りなければ3人に支えてもらいましょう。寡をもって衆を制す作戦で強大な否定的なパワーに打ち勝ってください。

言霊という言葉があります。言葉には霊が宿っている、それが本当になっていくという昔からの日本の考え方です。その考え方は、21世紀になって、電気で車が走るし、ネットで世界中の情報がわかる今も使われているんですよね。

本当に言葉に霊が宿っているかどうかは私にはわからないですが、言葉になんの力もなかったとしたら、言葉には霊が宿るという発想って作られないでしょうし、何百年も使われ続けないと思いませんか？

やはり言葉には力があるから、その考え方が使われ続けているんだと思います。言葉には力があります。影響力があります。

自分で使う言葉に力が宿るだけはなく、人から投げかけられる言葉にも力があります。影響力があります。

私たちは初めから自分はできる人間だという自己肯定のマインドを持って生まれてきたわけではありません。逆に自分はダメな人間だという自己否定のマインドを持って生まれてきたわけでもありません。成長過程で何らかの体験をすることにより、その心、マインドは作られてきたのです。

たとえば、成長過程で「おまえは、やればできる子やなぁ」と肯定的な言葉をたくさんかけられる体験をすると自分は〝できる人間だ〟という自己肯定感のマインドが育まれていきます。逆に「おまえは何やってもダメな子やなぁ」と否定的な言葉をたくさんかけられる体験をすると〝自分はダメな人間だ〟という自己否定のマインドが作られます。私たちは成長過程でずっと人から投げかけられる言葉の影響を受けて心を作ってきたのです。

だから、一人で頑張らずに、あなたを肯定する言葉を、人から何回も何十回も、何百回も投げかけられてください。その影響力を多分に受けて、自分を強く肯定できるようにしていきましょう。寡をもって衆を制してみてくださいね。

よい言葉のシャワーは、ぞんぶんに浴びる

人にどう思われているか気になる深層心理

人は私のことをどう思っているのだろうか？
好きでいてくれているのだろうか？
自分のことを受け入れてくれているのだろうか？

気にしてしまうタイプの方は、何かトラブルが起きたわけではなくても、日々の心の中で起きている「人は私をどう思っているのだろうか？　好きでいてくれるだろうか？　自分のことを受け入れてくれているのだろうか？」という心の動きで疲れてしまいます。ぐるぐるそんな思考が動き、その思考に振り回されてしまいます。

でも、気にしない人は、そんなこと一切気にならないんですよねー。

なぜなのでしょう？

気にする人の深層心理にはある投影の心理が働いているようです。

●人間関係が劇的に変わる、「投影」という考え方

まずは投影の心理の説明から。

カウンセリングなどの臨床心理学では投影という考え方を重視します。

投影を端的に説明すると、自分の心の状態を外に投射する心理と言えます。

この考え方を使いこなせると人間関係でのすれ違いや、誤解、傷つくことはずいぶんと少なくできます。


ちょっと専門的なので、私の家で起きた出来事を使って噛み砕いて説明したいと思います。

ある日、私は苦しくて目が覚めました。まだ意識が覚醒しておらず、寝ているのと、起きている間の意識の中で「く、苦しい……」ともがいておりました。

息苦しさがピークになり、目を覚ましました。

「こ…、これだったのか……」

起きると、その苦しさの訳がわかりました。

なんと、私の口の中に巨峰が目いっぱい詰まっていたのです。

それで息がしづらく苦しくなっていて、さらに巨峰の汁が口から流れていてべとべとしていました。

寝ていたのに巨峰が口いっぱい詰まっているって、おかしくないですか!?

私はちょっと怖くなったので、妻に丁寧な言葉で聞いてみることにしました。

だって、巨峰を詰めたのが誰なのかによって、怖さは違いますよね?

仮に、妻が「出張ばっかりで家を空けやがって、おかげで一人で子育てすることになって大変なんだぞ」と恨みつらみを込めて、巨峰を一粒一粒口の中に詰め込んでいたとしたら、それは本当に恐怖の物語です。

だから、丁寧な言葉で妻に聞いてみたのです。

「あの……朝起きたら、私の口の中に巨峰が詰まっていたのですが、いったい私の身に何が起こったのでしょうか?」と。

すると、妻は私の身に起こったことを説明してくれました。

私がなかなか起きてこないので、先に妻と幼い息子は2人で朝ごはんを食べはじめたとのことでした。朝ごはんには息子の大好きな巨峰を出してあげたらしいです。

そして巨峰を食べている息子に、妻があることを教えたそうです。

「こういう黒っぽいやつのほうが、甘くておいしいんだよ」と。

すると息子は黒っぽい巨峰を何粒か選んで、その選んだ巨峰を両手のひらに載せて私が寝ている寝室のほうに走っていったそうです。だから多分、息子がパパにもあげようと思ってやったんじゃないか？　とのことでした。

おそらく、幼児ながらに、心でこう捉えたのでしょう……。

「僕が甘くておいしいぶどうをもらえると嬉しいように、パパも甘くておいしいぶどうをもらえると嬉しいんじゃないか」と。

パパが本当に嬉しいかどうかは別の話です。だって私は苦しくて目が覚めたんですから（笑）。だけど幼い心でそう捉えたのでしょうね。私の息子が幼い頃の話です。

●自分がされて嬉しいことは相手も嬉しい？

こういうのを投影といいます。

自分がこうしてもらったら嬉しいように、相手もこうしてあげると嬉しいのかな？

自分がこうされたら嫌なように、相手もこうされると嫌なのかな？

などのように、**自分の感じ方を他人に当てはめて捉えていく心の動きを投影**といいます。


これは、幼児の話でしたが、大人もこういうことはするんです。

たとえば、Aさんという人が彼氏にフラれて元気がなかったとします。

どうやらAさんが失恋をして元気がないらしいということを聞いた、友人のBさんは、Aさんに会ったときにこう思いました。

「Aさん元気ないなぁ……。まだ失恋を引きずってつらいのかなぁ？　ここは話を聞き出してあげて、つらい思いをはき出させてあげよう」。

しかし、同じその場所にいた別の友人のCさんは、元気がないAさんを見て別のことを思いました。

「Aさん元気ないなぁ……。まだ失恋を引きずってつらいのかなぁ？　ここはそーっとしてあげるのがいいかな」と。

Aさんが失恋をして元気がなさそうという同じ現象を見て、BさんとCさんの、Aさんに対してどうしたら良いか？　という対応の判断は違ったのです。

それはなぜなのでしょう？

この対応の判断の違いは、投影という考え方を使うと説明がつきやすいのです。

おそらくBさんは自分がつらいときには、話を聞いてもらいたいタイプなのでしょう。

自分がつらいときには、話を聞いてもらえると嬉しいように、Aさんも話を聞いてもらえると良いのではという投影が働き、「Aさん元気ないなぁ……。ここは話を聞き出してあげて、つらい思いをはき出させてあげよう」という対応の仕方の判断が働いたのでしょう。

一方、Cさんは自分がつらいときには、そーっとしておいてもらったほうが嬉しいタイプなのでしょう。

だから、Aさんもそーっとしておいてあげたほうが良いのではないか？　という投影が働き、「Aさん元気ないなぁ……。ここはそーっとしてあげるのがいいかな」という判断が働いたのでしょう。

どちらが嬉しいのか、本当のところはAさんに聞いてみないとわかりませんが、BさんやCさんは自分の感じ方をAさんに投影して判断をしたわけですね。

そしてこの投影の心理の特徴は、自分が投影をしているという自覚症状なしにしていることが多いんですね。

●自分と同じように相手も思っている？

投影の心理とはどういうものかを説明しましたが、人は私のことをどう思っているのだろうか？　好きでいてくれているのだろうか？　自分を受け入れてくれているのだろうか？　そんなことを気にするタイプの方は投影の心理が働いて、気になってしまっている可能性があります。

自分のことを良く思っていなかったり、自分のことを好きじゃなかったり、自分のことを受け入れてなかったりとすると、この心理が外に投影されます。

すると、「自分で自分のことを良く思っていないように、人も自分のことを良く思っていないんじゃないだろうか？」と心が勝手に感じてしまいます。

人が自分のことを良く思ってくれているという安心感があれば、人が私をどう思っているのか、なんて気になりませんよね？

自分が自分のことを良く思っていない心理が外に投影されているから、「人は私のことをどう思っているのだろうか？」という発想が出てくるのです。

同じように、自分のことを好きじゃないと「自分で自分のことを好きじゃないように、人も自分のことを好きにはならないんじゃないか？」という発想が出てきます。

自分のことを受け入れていないように、人もこんな自分のことを受け入れられないと、「自分で自分のことを受け入れられないんじゃないか？」という発想が思い浮かび、気になってしまうのです。

●投影を起こさないことは可能か？

ということは……。

気にならないようにするには、この投影が起こらなければいいわけです。

投影は勝手に自分が自覚していないところで起きてしまうものなので、投影自体を止めることができません。

ですから、その投影の元となる、自分のことを良く思っていなかったり、自分のことを好きじゃなかったり、自分のことを受け入れてなかったりすることをなくしていくことがテーマになってきます。

そのために、自分の良いところをたくさん見つけていき、自分のことを良い存在と思えるように、自分のことを好きに思えるように変えていきましょう。


良いところも完璧にできてなくていいんです。

たとえば、「自分の良いところは優しいところかなぁ」と見つけても、「優しいといっても、意地悪なことを考えちゃうこともあるし、冷たいことをしちゃうこともある、胸をはって優しいと言えるほどでもないかもしれないなぁ……」と、せっかく見つけた良いところをかき消すような思いが浮かんでくるかもしれません（ちなみに、これは心理学ではエゴの声と呼んでいます）。

たとえ意地悪なことを考えちゃうことがあったとしても、冷たいことをしちゃうことがあったとしても、優しいときも間違いなくあるんです。

それは「自分の良いところは優しいところ」と、自分の良いところとして認めてみましょう。

完璧でないかもしれないけど、他人と比べて特別に秀でてないかもしれないけれど、世界トップレベルではないかもしれないけど、あなたの良いところがあったとしたら、それは良いところがあると認めていいのです。

たくさんあなたの良いところを見つけてくださいね。

●完璧な人間なんて、面白くない

そして、自分にいたらない点があっても良いことを許していき、〝自分はこれでいいんだ〟と自分のことを受け入れられるようになっていきましょう。

完璧な人はいません。

完璧でなくていいんです。できないことがあっていいんです。いたらないことがあっていいんです。得手不得手があってもいいんです。

すべてが完璧で、すべてができて、ミスがない人っています？　いませんよね？

もし、あなたの友人や愛する人が、

「私は忙しくなると人に優しくできないときがあるの。自分ってダメだなぁ」

「私は友達の幸せに嫉妬をしちゃうときがある。私って最低だな……」

「失敗すると私はすぐへこんじゃう。メンタルが弱くてダメだなぁ」

そんなふうに、自己嫌悪にさいなまれて、自分を責めていたら、あなたはその友人や、愛する人に何て言ってあげたいですか？

「そんなの誰でもあるよー。それで自分はダメだとか、最低だとか思わなくていいよ」

って言ってあげたくありませんか？

だって、完璧な人っていないし、人は完璧でなくていいんですから。

だから、あなたも完璧でなくていいのです。

完璧じゃなくていい、できないことがあってもいい、いたらないところがあってもいい、得手不得手があってもいいと自分に思い込ませていきましょう。

そうしていくと自分を受け入れやすくなってきますから。

そうやっていって、自分のことを良く思えるようになったり、自分のことを好きになっていったり、自分のことを受け入れられるようになると、今度は逆の投影が起こります。**良い投影が起こりはじめる**のです。

「自分で自分のことを良く思えるように、人も自分のことを良く捉えてくれるんじゃないか」

「自分で自分のことを好きと思えるように、人も自分のことを好きなってくれるんじゃないか」

「自分で自分のことを受け入れられるように、人もこの自分のことを良く受け入れてくれるんじゃないか」

という投影が起きるようになります。

実際のところ人が本当に良く思ってくれるか、好きになってくれるか、受け入れてくれるのかはわかりません。でも良い投影が起きると心が勝手にそう感じ・・・・・・・・・・じがちになるのです。そして、人にどう思われるかが気にならなくなります。

実際のところ人がどう思うかは置いておいて、気にならなくなったとしたらラクではありませんか？　良い投影が起こるようにしていきましょうね。

自分と他人の良い投影を起こそう

自分が愛されているか不安でたまらないなら…

「私は愛されているのかなぁ？」

「大切に思ってくれているなら、○○してくれるはずなのに……」

など自分が愛されているかが気になってしまうことはありませんか？

先ほどは自分の感じ方、捉え方を人は自覚せずに投影しますという話でした。

このことを理解できると自分が愛されているかどうかという不安を少なくしていけることがあります。


自分がこうされたら嬉しいように相手もこうしてあげると嬉しいのかな？

自分がこうされたら嫌なように、相手もこうされると嫌なのかな？

というように、自分の感じ方、捉え方を基準にして相手もそうではないか？

と捉えていくものが投影でしたね？

そうすると、あなたが好きな人を愛そうと思うときは、自分がしてもらうと嬉しいことを基準にして、相手もこれをしてもらうと嬉しいんじゃないだろうか？　と推測して、それを相手にしてあげようとします。

特に相手がどうしてあげると嬉しい人なのかをよく知らないうちは、自分がしてもらうと嬉しいことを基準にいろいろ推測していくことになるでしょう。

長らく付き合って相手のことをよく知って、相手がどうしてあげると嬉しいのかのデータをたくさん持つようになると、推測する必要が少なくなるので、自分がしてほしいことを投影して相手にしてあげることも少なくなるでしょうが、相手のことをよく知らない段階では、自分がしてもらうと嬉しいことを基準にして推測していくことが多いでしょう。

●愛していたら、こうするもの？

たとえば、あなたが雨の日に車で迎えに来てくれると嬉しいと感じるタイプだとすると、「今日は雨が降っているから迎えに行ってあげると喜ぶんじゃないかな？」と投影して、迎えに行ってあげるわけです。

相手としては「嬉しい、愛されてる」と感じる人もいるでしょうし、「自分のために手を煩《わずら》わせて申し訳ないな……」と感じる人もいるでしょう。相手はどう感じるのかはわかりません。

でも、投影をしている本人は、雨の日に車で迎えに行くと相手は喜ぶと思い込んでいます。それが正しいことのように。

そうすると逆のことも投影されます。

自分が愛していたらこうするように、相手も愛していたらこうするはずだという投影も起きます。

たとえば、A子さんがご主人のことを愛しているから相手の喜ぶことをしてあげたいと思っていたとします。

「私は雨の日に車で迎えにきてくれると嬉しいから、今日は雨が降っているから夫を駅まで車で迎えに行ってあげよう」

そう思って行動するとします。雨の日にわざわざ迎えにきてくれる手間をかけてくれることで愛情を感じるから、相手にもそうしてあげたいのです。

そんなA子さんがお出かけしたある日、帰りに雨が降ってきました。そして駅からご主人に電話をかけるのです。

「雨が降ってきたから駅まで車で迎えにきてくれない？」

するとご主人から帰ってきた返事は、

「今日は疲れてるから、タクシーで帰ってきてくれない？」

そこでA子さんはショックを受けるのです。

私は夫を愛している。愛しているから喜ぶことをしてあげたいと思う。そして手間がかかってもそういう喜ぶことをしてあげたいと思う。

だけど相手はそう思わないということは、夫は私への愛はあまりないのかな？　そんな思いがもたげて気になってしまうのです。

だけどそれはA子さんの投影であってご主人はどう感じているのかは別の話なのです。

もし、ご主人が雨の日に車で迎えにきてくれることにさほど嬉しいと感じないタイプだったら、どう思うでしょうか？　A子さんがお迎えをとても嬉しいことと捉えているとは思わないでしょう。

そうすると、ご主人にとっては、雨の日に駅まで車で迎えに行くことが疲れているのを押してでもするほど価値があることとは思えません。

ご主人にとってはそれが愛情表現なんだという価値観は薄いのです。

だから、**相手が自分の思うような愛情表現をしてくれなかったとしても、それは愛がない証明にはならない**のです。

「そう感じるのは私の投影だったんだなぁ」と理解するだけでも気にする度《ど》は変わってきます。つまり自分が嬉しいこと＝相手が嬉しいこと、という公式は成り立たないということです。

それと同じようにA子さんが、さほど価値をおいていない愛情表現が、ご主人にとっては価値があることと思っている可能性はあります。

ご主人にとって、自分がこうしてもらうと嬉しいから、相手にもしてあげようとする相手なりの愛情表現ってあるかもしれません。

あなたにとって嬉しくはないものや、価値があるものじゃないかもしれませんが、相手なりの愛情表現を探してみませんか？

「自分とは違う価値感や感覚で相手は愛情表現をしているかもしれないなぁ？」

そんな視点を持ちながら相手なりの愛情表現を探してみると、今まで見えなかった愛を見つけられることがありますから。

この投影という考え方を理解しながら愛を探してみると「愛がないわけではなくて、愛し方が違ったんだ」と思えるものが増えるかもしれませんよ。

相手なりの表現方法がある

3章

「気になる」のではなく、「気になるようにさせられて」いた!?

～あなたの周りの迷惑な他人たち～

うんざりさせられる、自慢ばかりする人

自慢ばかりする人、いますよね。

「聞いて、聞いて！　ライブの特等席が抽選で当たったの。すごいでしょう！」

というような可愛らしい自慢ならいいのですが、話の流れを無視して自分の自慢話をしたり、同じ自慢話を何度もしたり、相手を下げて自分を上げるような自慢話をしたりと、聞いていてうざくなるような自慢ばかりをする人です。

●自慢したくなる心の奥底

たとえば、仕事の武勇伝を語る人。

「10年前くらいに誰が営業に行ってもクレームを言う客がいたけど、ワシが営業に行ったら何も言われないんやー。○○さんがこないと買わないと言われてなぁ。ワシも忙しいから、そこばっかり行くわけにはいかんし、困ったわー」

と、そんな昔の話を何度もする人。

顔では笑いながら聞いていても、心の中で「暗記するくらい聞いたから、もうえぇっちゅうねん」と突っ込みたくなります。

お金持ち自慢をする人もいます。

たとえば、近所の人が犬を連れて散歩していたので「ワンちゃん可愛いですね」と褒めたところ……。

「ありがとう。この子は血統が良くて180万円する由緒正しい子なんざます。この子にふさわしい首輪をしてあげようとしたら特注で20万したざますよ。食べ物も100グラム2000円のお肉を食べたがって贅沢な子なんざます」と、聞いてもいないお金の話ばかり。そして、犬の散歩で会うたびにお金の話……。

何度も自慢話を聞かされると、そのうちにその人を見るだけで、今日もあの話を聞かされるのかなぁ……と気になるようになってしまいます。

なんで、あの人たちは自慢をするのでしょう?

それは、**自分の価値に自信がない**からです。

本当に自分の価値に自信がある人は、俺ってすごいだろう、私ってすごいでしょう、と自分のことをすごく見せようとはしません。

心のどこかで自分の価値に自信を持ってない人が、すごいだろう、と自慢をするのです。

そうすることで「すごいですね」と、人から承認をされようとしているのです。自分で自分の価値を感じられないので、人から承認されることで自分の価値を感じようとして自慢をする。つまり、**自慢は承認を求める行為**なのです。

また、自分の価値を小さく感じているので、自分を大きく見せようとする心理も働きます。

意識レベルではそう思ってなくても、心のどこかでは自分のことをちっぽけな人間だと感じています。そして周りの人間のほうが自分より価値をたくさん持っている人間のように思えてしまいます。このように感じる感情のことを心理学では**無価値感**と呼びます。

この無価値感を感じないように、自分のことを大きく見せようという試みをするのです。俺ってすごいだろう、私ってすごいでしょうと証明できているような状況を作れているときは無価値感を感じなくていいですから。

では、承認欲求のために自慢話ばかりをしているとしたら、その承認欲求を満たしてあげるべく「すごいですね」と言えば、収まるのでしょうか?

残念ながら、それは難しいかもしれません。何十回、何百回も承認することで相手は満たされる場合もありますが、多くの場合は終わりのない承認欲求が続きます。

「〇〇さんって、すごいですね」と承認することで、相手の承認欲求は満たされ一時的には落ち着きますが、しばらくするとまた承認欲求がムクムクと出てきて自慢話が始まります。

これは麻酔みたいなものです。打っていると痛みは消えますが、しばらくすると麻酔が切れてまた痛みだし、また麻酔が必要になります。

本人が自分の価値の自信のなさと向き合ってなんとかしようとしていかないと、この痛みはなくならず、麻酔を求めて自慢話をしてしまいます。

●自慢話は止められない

じゃあ、どうすれば相手の自慢話を止められるの?

残念ながら、それは、止められるものではないと思ってしまいましょう。

本人が自信のなさと向き合ってなんとかしない限り、止まらないものなので す(「自慢話はやめてください」とはっきり言えばいいかもしれませんが、職 場の上司や角が立つとまずい人間関係の場合は言いづらいと思います)。

止められるものという前提で、止める方法を模索し、その答えが見つからな いというのもストレスです。

止められるものではないと受け入れてしまえば、そういうストレスからは解 放されます。根本的な解決にはなりませんが、とりあえず「自慢話は止められ ない」という事実として、受け入れるんです。それがいいか悪いかはさておき、 いい意味での、あきらめです。これで、少なくとも自慢話を止めようと出ない 答えを模索するストレスからは解放されます。

●憐憫《れんびん》の情を上手に使う

話の聞き方のコツでストレスも減らせます。

「また自慢話か……」と思って話を聞くよりも、「本当はこの人、自信がないんだなぁ。自分を認めてもらおうと一生懸命になったり、自分を大きく見せようと一生懸命になっているんだなぁ」と思って話を聞いてみましょう。

ちょっとかわいそうな目で相手を見ることができたり、憐憫の情から優しい気持ちで話に付き合えたりします。

または、毎回真剣に話に付き合おうとすると、しんどいですから、軽く流すくらいの気持ちや、相づちくらいのノリで「すごいですね」という言葉を使う。これだとまだ気がラクに聞けるでしょう。

自慢は自信のなさの裏返し

イライラしていて、攻撃的な言葉を言ってくる人

イライラしていて、攻撃的な口調で何かを言ってくる人っています。「あの件、どうなっているの？」「早くやってくれない？」「どんな根拠でやってるの？」などなど、普通の口調ではなく、まるで叱るような口調で言う人もいます。怒鳴るような口調の人もいます。

●もしかして、自分が悪い…？　と思わせる犯人とは⁉

イライラしながら、攻撃的な口調で何かを言ってこられると、人によっては自分が悪いことをしたような、自分が失敗をしたような、自分のせいで迷惑をかけているような気になってしまう人もいます。

決して悪いことをしているわけでもなく、自分が失敗をしたわけでもなく、迷惑をかけているわけでもないにもかかわらず（むしろそんなことを言われて

迷惑をかけられているにもかかわらず)、そんなことを思ってしまうのです。

思ってしまうというよりも、思わされてしまうと言ったほうがいいかもしれません。それでも、気にしてしまいますよね。

●被害に遭わないための予防グッズ

イライラして攻撃的な口調で言ってくる人のせいで、度々、自分が悪いことをしたような、自分が失敗をしたような、自分のせいで迷惑をかけている気にさせられている人は、次に何か言われたときの準備をしてもらいたいんです。

準備をするものは次の言葉です。

・自分が本当に悪いことをしているのか?
・自分は本当に失敗をしているのか?
・自分が本当に迷惑をかけているのか?

以上の、問いかけリストです。

これらの言葉を懐《ふところ》に忍ばせて、次に攻撃的な口調で何かを言われたときに使います。意識を相手ではなく自分に向けて、自分に問いかけるのです。

まくし立てるように攻撃的な口調で言われている最中に、これらの言葉を思い出すのは難しいかもしれませんが、備えあれば憂いなし、ないよりマシです。

自分が本当に悪いことをしているのか、失敗をしているのか、迷惑をかけているのか、自分の心に問いかけます。

決してあなたが悪いわけではないこと、あなたが失敗をしているわけではないこと、あなたが迷惑をかけているわけではないことに気づけるはずです。

相手は相手の感情の問題で攻撃的な口調で何か言ってきているのだ、とわかることでしょう。

●攻撃的な人のいくつかのタイプ

このイライラしていて、攻撃的な口調で何かを言ってくる人の心理を紹介したいと思います。

恐れが根底にあり攻撃的になっているタイプ、罪悪感が根底にあり攻撃的になっているタイプ、助けてが言えなくて攻撃的になっているタイプ、自分の観念を人に押し付けて攻撃になっているタイプの人を紹介しますね。

恐れが根底にあり攻撃的になっているタイプ

イライラして攻撃的な口調で何かを言ってくる人で、何も困ったことが起きているわけではないのに、問題が起きているわけではないのに、あなたを責めるような口調で何かを言ってくる人。

そんな人を仮にイラ男《お》とします。

イラ男さんは仕事でからんでいた件で、あなたに聞いてくるのです。

イラ男「あの件は、本当に間に合うの？」

あなた「間に合うと思いますよ。先方から品物を納めてくれるという約束の日までずいぶんと余裕がありますし」

イラ男「この件の支払い日は、ちゃんと確認しているの？」

あなた「大丈夫だと思いますよ。先方もお金は品物を納め終わってからで良いって言ってますから」

イラ男「大丈夫だと思うって、本当に大丈夫なの？　大丈夫じゃなかったらどうしてくれるの？　やっぱり今月中に支払ってと言われてもこっちも困るんだから、間違いがないか確認して。今すぐ！」

あなたの仕事内容によっては、ちょっと違いはあるでしょうが、職場でもプライベートでも、似たような人はいますよね。

こんなふうに責め立てられることで、まるで自分に不手際があったような、落ち度があったような、できてなかったことがあったような気になってしまう。そして「確認できていない自分が良くなかったのかな?」という気になってしまうのはなぜなのでしょうか。

●未来に何か良くないことが起きたらどうしよう

このタイプの人は根底に恐れがあることがあります。恐れが強く、未来に何か良くないことが起こったらどうしよう？　と不安なのです。だから、自分の不安をかき消すために、周囲の人を責め立て、その不安を解消しようとするのです（理不尽ですね……）。

先ほどのイラ男のやりとりは表面的には攻撃的なのですが、表面的な言葉の裏に隠れた不安を解消しようとしているという心理的なメッセージとして訳してみると、こんな感じになります……。

イラ男「あの件は、本当に間に合うの？　僕、不安で不安で……」
あなた「間に合うと思いますよ。先方から品物を納めてくれるという約束の日まで、ずいぶんと余裕がありますし」
イラ男「この件の支払い日は、ちゃんと確認しているの？　確認できていない未来に何か良くないことが起きたらどうしよう。あとあとトラブルとかにならないかなぁ？　僕が支払いの件で先方から怒られるとかならないかなぁ？　大丈夫かなぁ？」

あなた　「大丈夫だと思いますよ。先方もお金は品物を納め終わってからでいいって言ってますから」

イラ男　「大丈夫と思うって、本当に大丈夫なの？　本当に、本当に大丈夫？　もし大丈夫じゃなくて先方から今月中に支払って言われたら困るから間違いがないか確認してくれるかなぁ？　じゃないと不安で仕方がないんだ。この不安を一刻でも早く感じないようにしてほしいから今すぐ確認してちょうだい」

つまり、このタイプの人は偉そうなことを言っていても、本当は怖がりさんなのです。**怖がりさんなので癇癪《かんしゃく》を起こしたり、周りを責めたりして、人を動かし自分の不安を解消させようとしている**のです。

この不安に気づくと、次の攻撃からは

「また不安になって何か言ってきているんだなぁ」

「癇癪がはじまったってことは不安なんだろうなぁ」

と見抜きやすくなるでしょう。

そうすると、「不安で癇癪を起こしているこの人の、感情のコントロールができていないという問題であって、私の不手際という問題ではない」とか、「この人の不安という問題でごちゃごちゃ言ってきているだけで、私に落ち度があるわけではない」とか、「この人の感情の問題であって、私ができていないわけではない」などと思えるようになります。

そうです、あなたの不手際でも、落ち度でもなかったのです！

とにかく自分に否はない、と知る

相手の不安を知ったあなたなら、毅然《きぜん》とした態度で、相手の言い分を断ることもしやすいでしょう。

「この件は納期まで、まだまだ余裕があります。今は優先する件があるので、それが終わってから念のため確認しておきます。確認できたら、また連絡しますね」

と、自分に否はないとわかると、相手の無理難題をたやすく断れるはずです。

ただ、そのイラ男タイプが上司だとか力関係で断れないこともあると思います。上司としての権力を利用して自分の不安を解消させようとする残念な上司に当たってしまう人もいると思います。「業務命令だ、今すぐ確認して」というふうに断れない形で言われる人もいるでしょう。

そんなときは毅然と断るのは難しいでしょうが、**相手の不安の感情の問題であって、自分に否があるわけではない**とだけは思ってくださいね。

そう思うだけで心の負荷は違ってくるでしょうから。

自分ではなく、相手の不安のせいでした

罪悪感が根底にあり攻撃的になっているタイプ

イライラして攻撃的な口調で何かを言ってくる人で、自分は悪くないあなたが悪いということを責めてくる人がいたら、それはその人の根底に罪悪感があるからかもしれません。

まずは罪悪感というのはどんな心理かという説明から。

罪悪感は文字通り罪の意識です。

「自分が悪いんだ」「自分のせいだ」「自分の責任だ」というように、罪の意識を感じる感情です。

そして罪悪感があると「悪い自分は罰せられなければいけない」という捉え方や感じ方をします。

それだけではなく、「悪い自分は誰かから罰せられる」という捉え方や感じ方もします。

●2種類の罪悪感

罪悪感には2種類あります。

何かをしてしまったという罪悪感と、何かをしていないという罪悪感です。

〝何かをしてしまったという罪悪感〟は、たとえば浮気をしたとか、嘘をついたなど、「してはいけないことをしたパターン」から感じることもありますし、自分のせいで誰かに嫌な思いをさせてしまった、自分のせいで誰かを傷つけてしまった、自分のせいで失敗につながってしまったなどの「自分のせいでネガティブな影響を与えてしまったパターン」から感じるケースもあります。

〝何かをしていない罪悪感〟には、「するべき責任を果たしていない」とか「自分がしなかったことで誰かにネガティブな影響を与えてしまった」ときに罪悪感を感じるというパターンがあります。

前者はたとえば、仕事にかまけて親としての役割を果たしていないことで子どもがグレてしまったなどの、するべき責任を果たしていないときに罪悪感を感じるパターン。

後者はたとえば、こんな感じです。友人から「ちょっと話を聞いてくれる？」と電話がかかってきたときにたまたま都合が悪く「ごめん、ちょっと今日は都合が悪くて時間がとれないんだ」と断ったとします。

しばらくして人づてに、その友人がうつ病で会社を休んでいるらしいと聞き、「あのときに私が時間をとって話を聞いてあげていれば、友人はうつ病にならなかったんじゃないか？」などと思ってしまうことです。自分がしなかったせいで、誰かに悪い影響を与えてしまったと責任を感じてしまうパターンです。

特殊なケースとしては、〝恵まれていることへの罪悪感〟というものもあります。

大学生の例で話しましょう。

友人たちはバイトをしながら学校に通っている状況。友人たちは家賃が安いからという理由で学校から遠いアパートを借りて、遠いところから電車で学校に通い、親からの仕送りはそこそこでバイトをして得たお金でやりくりをしている。時にはその友人たちは節約をし、時には欲しいものを我慢しながら学校生活を送っている状況だとします。

それなのに自分は、親からたくさんの仕送りをもらい学校から近いきれいなアパートを借りている、バイトをする必要もなく買いたいものを好きなだけ買える状況、車も買ってもらっているという状況だとします。

そんなときに「友人たちは苦労しながら頑張って勉強してるのに、自分だけラクをしていてなんだか申し訳ないなぁ……」などと恵まれていることに関して罪悪感を抱くケースもあります。何も悪いことをしてないのに罪悪感を感じてしまうのです。

また、これに似たケースで〝健康であることに関しての罪悪感〟というものもあります。

●悪い自分にバツを与える悲劇

罪悪感があると「悪い自分は罰せられなければいけない」という考え方から自分に罰を与えます。

「自分が余計なことをしなければ、あの人は嫌な思いをしなくてよかったのに、私ってなんて浅はかな人間なんだ、自分ってなんて最低な人間なんだ」

などと、心の中で自分を責めるという形で自分を罰するケースがあります。

また、自分の欲しいものを手に入れるとか、ラクをするとか、幸せになるなどを許さないという罰を自分に与えるというケースもあります。

たとえば、10代の頃の恋愛で妊娠をし、付き合っていた人からも親からも堕ろすことを望まれ、反対を押し切って一人で産んで育てていく自信もなく堕胎をした。そんな経験をした女性がそのことに罪悪感を持っていたとします。

その女性が「自分が赤ちゃんを殺してしまった、そんな私が子どもを持っていいはずがない」と、子どもを持つという幸せを自分に許さない。自分に欲しいものを手に入れるとか、ラクをするとか、幸せになるなどを許さないという罰を自分に与えるというケースもあるのです。

自分に罰を与えるというのは、**意識的に自分に罰を与えるケースもあれば、無意識に自分を罰するケースもあります。**

●責めてくる人たちにある「私を罰しないで」という不安

これらの罪悪感はどういうものかを踏まえて、「自分は悪くない、あなたが悪い」と責めてくる人たちの詳しい心理についての解説をしますね。

罪悪感があると「悪い自分は罰せられなければいけない」という捉え方や感じ方をするだけではなく、「悪い自分は誰かから罰せられる」という捉え方や感じ方をする場合があります。

そうすると罪悪感は自分が悪い、自分のせいだ、そして悪い自分は誰かから罰せられると感じると、それを防衛するために自分は悪くない、誰かが悪いという物語を作り出すのです。

そして「自分は悪くない、あなたが悪い」と責めだすのです。

誰かが悪いと人を責めているときは罪悪感を感じなくてよくなります。

たとえば、浮気をしている旦那さんがいて奥さんにバレたとします。

奥さんに「なんで浮気をしたの」と追及され、「裏切り者」と責められます。こうやって追及され責められるのは〝あなたは悪いことをしてますよ〟というメッセージを送られることとイコールです。ですから、旦那さんの罪悪感が刺激されます。

悪い自分は誰かから罰せられると感じますから、それを防衛するために**「自分は悪くない、誰かが悪い」という物語を作り出す**のです。

「お前はいつもこうやってきつい口調で俺を責める。家のために仕事を頑張っていても残業ばかりで家に帰るのが遅いとか、家族サービスをしていないとかきつい口調でギャーギャー俺を責め立てる。だから俺は家に帰るのが嫌になるんだ。浮気相手の女は俺が頑張っていることや苦労していることをわかってくれている。裏切り者とか、被害者ぶって言うな！」

などと、自分は悪くない、浮気をする原因を作ったのはお前のせいだという物語を作り、奥様を責めるのです。

奥様としてはさんざんです。浮気をされたあげく、その原因はお前が作ったみたいに言われるわけですから、さらに傷つきますよね……。でも、浮気をした際に、こうやって「自分は悪くない、パートナーが悪い物語」を作り、相手を責めるケースは結構あるのです。

先ほどの例のように罪悪感を感じると、それを防衛するために**「自分は悪くない、誰かが悪いという物語」**を作り出す人たちがいます。

・仕事のミスはあなたが原因だ
・浮気をしたのは君が悪いからだ
・こんなひどい状況になったのはあなたのせいだ
・子どもが悪いことをしたのは君の育て方のせいだ
・人が辞めていくのは、お前が部下の面倒をちゃんと見ないからだ

などなど、あなたのせいにする人が周りにもいるのではないでしょうか。

●偽物の物語に巻き込まれないこと

「自分は悪くない、あなたが悪い物語」で責められると、「自分が悪かったのかな？」という気分にさせられる方がいらっしゃいます。

そして、「自分が気をつけていればこんな結果にならなかったんだ」とか「自分が悪かったから、あの人を追い詰めてしまったんだ」などと自分を責めだしてしまうのです。

でも、「自分は悪くない、あなたが悪い物語」に巻き込まれないでください。

自分の罪悪感を守る人たちの論理に言いくるめられないでください。

「自分が悪かったのかな？」と思ったときは、もしかしたら相手が自分の罪悪感を防衛するために言っていることであり、あなたが悪いわけではないのかもしれません！

もし、自分は悪くない、あなたが悪いと主張してくる人がいたら「相手は罪悪感を持っているから、自分を守るために人のせいにしたがっているんじゃないか？　私が悪いと思わなくてもいいんじゃないか？」という視点を持って見てもらいたいのです。

そうするときっと自分は悪くないとわかるでしょうから。

自分防衛のために誰かのせいにする人は、その人の思考のクセです。今あなたに害をなしていなくても、将来的に何かあったときにあなたのせいにする人になる可能性があります。

そういう人を見かけたら、私を責めてきたときは安直に自分が悪いんだとは思わないでおこうと事前に準備しておきましょう。わかっているだけで回避しやすくなりますから。

自分を守るために、あなたのせいにしているだけ

助けてが言えなくて攻撃的になっているタイプ

〝助けてください〟が言えなくて攻撃的な口調になる人がいます。

・自分が困っている状況に関して助けてくださいと言えない
・自分がつらく感じていることに関して助けてくださいと言えない
・解決しなきゃいけない問題に関して助けてくださいと言えない
・悩んでることに関して助けてくださいと言えない

攻撃的に相手を責めることで困った状況をなんとかしようとするのです。

たとえば、仕事の負担が人よりも多く残業もたくさんしている状況の人がいたとします。残業もいっぱいしているので体の負担も多く疲れぎみです。

でも同じ部署内の人の中には、仕事の分担がそんなに多くなく、残業もそんなになく早く帰れている人がいる。

その残業が少ない人が、休憩時間に同僚と「今日は帰りがけに健康のためにジムに寄ってから帰ろうと思うの」という話をしていたとしましょう。

その話を小耳に挟んだ残業が多い人が、仕事を終えて帰ろうとする残業が少ない人に、こう言うのです……。

「今日は帰りにジムに行くんでしょう。いいよねー。アフターファイブが充実していて。私は今日も残業ですよ。仕事が少ないと毎日どこかに行けていいよねー」

と、そんな嫌みチックな攻撃をするのです。

これは、「自分が仕事がいっぱいで今大変なんです。残業も多くて体も疲れています。だから誰か私を助けてください。私の持っている仕事を誰か手伝ってください。そうすると少しはラクになれると思うのです」

とは言えないので、嫌みチックな攻撃で「自分は仕事が大変なんだ」ということを相手に気づかせて、相手から「忙しそうなんで手伝いましょうか?」とか、「私は仕事が終わって早く帰れる余裕があるので、持っている仕事を引き取りましょうか?」などの言葉を引き出そうとするのです。

助けを求められなくて…

ただ、このやり方は効果的ではありません。

助けてくれる言葉を引き出せることはあまりないでしょう。

このやり方をして得られるものがあったとしたら「なんか嫌な感じがする」と相手からの印象が悪くなるくらいのものです。

こんな嫌みを言われると、なんだか自分が仕事をしていない気になったり、残業せずに帰ることがうしろめたいような気にさせられます。

しかし、本来、残業しないことが悪いことかというと、そんなことはないはずですよね？

会社で決められた就業時間内に決められた仕事を終えて帰ることは、なんら悪くはないはずなのです。むしろ、会社としても残業代を払わずにすむので良いことのはず。仕事の配分管理、残業時間の管理などは、多くの職場では（どの職場でもということではありません）上司の役目であって、嫌みを言われたほうの責任ではないはずです。しかし、こんな嫌みチックな攻撃をされると気になってしまいます。

嫌みチックな攻撃をする人も就業時間の内に、「ごめん、もしできれば私が持っている仕事のいくつかを手伝ってくれないかな?」と同僚に助けを求めたり、上司に「私の持ってる仕事量が多いので、誰かに振り分けてもらえませんか?」と上司に助けを求めたりできればいい話です。だから、残業をしないで帰ることをうしろめたい気持ちにならなくてもいいのです。

たとえ話として残業というシチュエーションで説明しましたが、他のシチュエーションでも同じです。

相手が助けを求められず攻撃的になっているのであって自分が悪いことをしてるわけじゃない、気にしなくていいんだと考えてみてくださいね。

●相手から言葉を引き出す作戦

もう一つ助けてと言えないために相手を責める人の例を紹介しますね。

彼氏に攻撃的なLINEを送る女性がいました。
女性「LINE昨日送ったのを見てくれた?」
男性「見たよー」
女性「じゃあ、なんですぐに返事くれないの?」
男性「ごめん、忙しくて。落ち着いたら返事しようと思ってた」
女性「LINEの返事もできないくらい忙しいんだ。5分も自分の時間がないんだね。ご苦労さま」
男性「ごめんって、でも、そんな言い方しなくてもいいんじゃない?」
女性「ちょっとした連絡をする気にもなれない女でごめんね」
などなど嫌みのLINE、ケンカ腰のLINEを送るのです。

どうでしょう。ありがちな会話ですよね。
私の仕事であるカウンセリングでも、この例のような男女関係の話題が多々出てきます。パートナーと本当は仲良くしたいと思っているのに、つい嫌みを言ってしまう、ケンカをふっかけてしまうというんですね。先ほどの例でいうと、女性サイドからのご相談ですね。

カウンセリングで、「寂しいのに気づいてほしい」「会いたいのをわかってほしい」「不安になるから私に興味を示してほしい」などを言えない代わりに嫌みを言ってしまう、ケンカをふっかけてしまう心理がわかることがあります。

つまり、そこにあるのは寂しい、会いたい、不安……だから助けてほしいの！という気持ち。それを素直に言えないので、攻撃をふっかけることで相手から「ごめん、気を付けるから」と改善策の言葉を引き出して、自分の心細い状況をなんとかしようとするのです。

でも、これも効果的な方法とは言えません。状況が改善するどころかケンカになって、二人の仲は不安定になり余計に心細くなってしまったりします。

「ごめん、気を付けるから」という言葉を聞けたとしても、「私に文句言われたくなくて言っているんだろうなぁ」と思ってしまうでしょう。相手は怒られたくなくて仕方なく言っているとわかってしまうので、嬉しくありません。

これも、先ほどのケースと同様あまり効果的な方法ではないです。

素直に助けてほしいことを言えずに攻撃をふっかける心理を、先ほどの例を使って説明すると、こんな感じになるでしょう。

「ＬＩＮＥがすぐ返ってこなかったので、私なんかどうでもいいのかなぁって思ってしまって不安だったの。もし、できたら隙間時間にまた後で返事するとかだけでも返信してくれたり、スタンプだけでも返信してくれると、私は安心できると思うの。忙しいのはわかるから、無理のない範囲でいいから、お願い」

正直にこれを伝えたほうが、よほど伝わるように思いませんか？

●人は攻撃を受けていると…

カウンセリングでは言われる側、先ほどの例では、男性サイドの立場からのご相談もあります。パートナーから嫌みを言われたり、ケンカをふっかけられるのだが、どうしたらいいかというご相談です。「腹立ちますわ」と怒っている人もいます。

「どうしたら相手から絡まれなくなりますか？」と怯《おび》えている人もいます。

なかには「女心がわからない自分が悪いんです」とか、「彼の気持ちに気づけない鈍感な自分が悪いんです」と、自分が悪いというモードになって、そのことを気にしてしまっている人もいます。

人は攻撃を受けていると、自分が悪いという気にさせられてしまうことがあるのです。

男女関係の場合どちらかが一方的に悪いということはあまりなく、〝お互い改善できるところがあるよね〟ということがほとんどです。

だから、「女心がわからない自分が悪いんです」という人は、たしかに、そういう面はあるかもしれません。そう思った人は状況を改善するために、女心を研究してみようとしてみるといいかもしれません。

「彼を怒らせてしまう、彼の気持ちに気づけない鈍感な自分が悪いんです」と思う人は、もしかしたら、おっしゃるようにそういう面はあるのかもしれません。そう思う人は、彼の気持ちに気づけるようにしようとすることは良いことだと思います。

しかし、だからといって100％「女心がわからない自分が悪い」とか「彼の気持ちに気づけない鈍感な自分が悪い」と思わなくてもいいはずです。

だって、どちらかが100％悪いということはないのですから。

カウンセリングでは〝**攻撃は助けを求める声である**〟という考え方をします。

攻撃を受けたときに「私が悪かったのかなぁ」とすぐに思ってしまわずに、「助けを求める声って考えてみよう」と思ってみましょう。

すると、「もしかしたらあの攻撃は、寂しいってことなのかなぁ」とか、「もしかしたらあの攻撃は、かまってほしいってことなのかなぁ」という考えが浮かんできたりするかもしれません。

そうすると、ちょっと相手が可愛く思えたりすることもあるでしょう。

そして、「私が悪かったのかなぁ」と気にしなくて良くなりますから。

100％自分が悪いことはない、100％相手が悪いこともない

自分の観念を人に押し付けて攻撃的になっているタイプ

自分の観念を人に押し付けて攻撃的な態度をとる人もいます。
まずは観念とは何かというお話から……。

・目上の人は敬うものだ
・社会人は5分前集合するのが当たり前だ
・恋人関係に秘密はあってはならない
・人として嘘はついてはいけない
・家族であってもお金に関してはきっちりすべきだ
・結婚とはお互いに我慢をするものだ
・夫婦とはお互いにゆずり合うものだ

というような個人、個人が持っている〝○○とは△△というものだ〟とか〝○○とは△△とするべきだ〟というものです。

観念の特徴は、これは当たり前のことだ、これは常識的なことだと人それぞれが思い込んでしまう傾向があります。

この観念は、親からのしつけという形で身に付く場合があります。

たとえば、「よそ様の家に行くときには手土産を持って行きなさい」としつけられて、「あぁそういうもんなんだ」と学んでいくような感じです。

親からのしつけによって〝○○とは△△というものだ〟とか〝○○とは△△とするべきだ〟というものを身に付けるわけですから、家庭によって受け継がれる観念は違ってくるわけです。

「よそ様の家に行くときには手土産を持って行きなさい」としつけをする家庭もあれば、そんなことはひと言も言わない家庭もあるわけですから。

また「子どもは夜ふかしをしてはいけない」「子どもの健康を守るために親

がそれを管理しなければいけない」というご家庭もあれば、「眠たくなったら寝たらいい」「自分のことは自分で管理するべき」というご家庭もあります。

だから、しつけというスタイルで持つ観念の内容は、人それぞれ違うわけですね。


また、地域や、民族的な習慣として観念を受け継ぐ場合があります。

海外には、目上の人がお酒を飲むまで目下の人は飲んではいけないという観念がある地域があります。

私は面白いなぁ〜と個人的に思ったのは、オランゴ島という島の観念です。

ここの地域では、女性からの求婚は男性は断ってはいけないのだそうです。

しかも、男性から求婚するのは、はしたないという観念がある地域だそうです。面白いなぁーと思いました。私が来世、女性ならこの島に生まれたいです。

好きな人との結婚が100%、叶いそうですものね(笑)。

その地域、地域によって受け継がれている風習や習慣によって〝○○とは△△というものだ〟とか〝○○とは△△とするべきだ〟という観念は違ってきます。だから、これも人それぞれ住んでいた地域によって持っている観念は違ってくるわけですね。

また、個人個人の体験によって作られる観念もあります。

たとえば、人前ででしゃばって恥をかいた体験から、人前ではでしゃばるべきではないという観念を作ったりします。

もう傷つかないように、失敗しないように、恥をかかないようにするために、人前ではでしゃばるべきではないという観念を作るのです。

個人個人の体験によって作られる観念なので、個人個人によって、持つ観念は変わってきます。

●当たり前は一人ひとり違うもの

どんな観念を持つかは、親からのしつけとして観念を受け継ぐ場合も、地域や民族的な習慣として観念を受け継ぐ場合も、個人個人の体験から作られる場合も、どのパターンからも人それぞれ違うわけです。

なのに私たちは、これは当たり前のことだ、これは常識的なことだと思い込んでしまうのです。その常識は自分のものだけかもしれないのに、普遍的な常識だと思い込んでしまうのです。

すると、自分の観念と違う人を見ると、当たり前のことをしない人、常識はずれの人という評価をくだしてしまいます。

たとえば、〝結婚とはお互いに我慢をするものだ〟という観念を持っている人と、〝結婚ではお互いに主張し合い、納得できる点を見つけるべき〟という観念を持っている人同士がパートナーだったとします。

たとえば、結婚して新居を探すときにご主人が職場に通いやすいという理由で気に入った住まいがありました。しかし奥様はその住まいはあまりお気に召しません。でも奥様は「結婚とはお互いに我慢するものだ」という観念を持っていたので、ご主人が職場に通いやすいなら多少のことは我慢すべきだと思い、その新居にすることにしました。次は、新居に置く家具を選びに行きました。奥様の目がキラキラ輝くお気に入りの家具を見つけました。しかしご主人は、「僕はこっちのほうが良い」と自分が気に入ったものを主張します。奥様は主張をするご主人に対して、「結婚生活ではお互いが我慢するのが当たり前なのに、この人はなんてわがままな」とわがままな人と評価を下し、腹を立ててしまいます。

そして「あなたは相手のことを考えず自分のことばかり。時には自分の主張は控えて相手に合わせることをしないと結婚生活はなりたたないわ」と自分の観念を押し付け、攻撃するのです。

お互い主張し合って納得できる点を見つけるべきと思っているご主人にとっては、その言葉は納得いきません。

でも奥様は自分自身はそれが当たり前のこと、常識的なことと思っているので、そうやって責めた相手に申し訳ないことをしたという意識もなかったりするのです。

「○○するのが当たり前でしょう」と強い口調で責められたら、あなたはどんな感じがするでしょう?

たとえば、それが目上の人だったり、権威がある人、立場が強い人に言われたらどんな感じがしますか?

対等な関係でも自信がある口調で言われたらどんな感じでしょうか?

●他人の「当たり前」をすぐに受け入れなくていい

人によっては、自分が間違っていたとか、自分が良くなかったとか、失敗をしたと思ってしまうかもしれません。

自分が間違っていないにもかかわらず、自分が良くなかったわけでもないにもかかわらず、失敗をしていないにもかかわらず、そういうふうに思わされてしまうわけです。

そう思ってしまうと、後々も引きずって気になりますよね……。

でも、それは相手の観念であって、それをするのが当たり前ではないのかもしれません。相手が「〇〇するのが当たり前でしょう」と観念で思い込んでいるだけなのかもしれません。

だから、イライラした態度で「〇〇するのが当たり前でしょう」と強い口調で責められても、すぐには自分が間違っていたとか、自分が良くなかったとか、失敗をしたと思わないでほしいのです。

「これは相手の観念であり、○○するのが当たり前とすぐに思い込まなくていい」と思ってみてもらいたいのです。

たとえば、上司がイライラして攻撃的な態度をとったとします。

「こういうときは○○するのが当たり前でしょう」と。

そんなときに、「○○するのが当たり前というのは、もしかしたら上司の観念であり、○○するのが当たり前とすぐに思い込まなくていいかもしれない」と思ってみるのです。

そうすることで、自分が間違っていたとか、自分が良くなかったとか、失敗をしたと思い込んで気にしてしまうのを防げるときもあるでしょう。

自分の常識は、自分だけの常識

4章

ささいなことが気にならなくなる小さな習慣

～心のクセがちょっとだけ変わる考え方や思考、行動のヒント～

「他人の目」に振り回されなくなるヒント

今の発言は印象が悪くないかな?

今日の髪型、おさまりが悪いけど変に見られないかな?

今日のファッションは変に思われないかな?

今日はスカートが短いけど足が太いとか思われないかな?

早いペースで食べているとガッついているとか思われないかな?

ウェイトレスさんに注文を聞かれているとき、目をずっと見ていると興味があると勘違いされないかな、でも目線を合わせていないと挙動不審に思われちゃうかな?


などなど、他人にどう思われているか、気になって仕方がない……。他人の目が気になってしまうタイプの人は、1日の中ではいろいろなシーンで気になることが出てきますね。他にも、いっぱいありそうですよね？

でも、こんなにいっぱいあると神経がすり減りそうです。

少しでも気楽になるための日頃できる考え方を紹介しますね。

●あなたのことを気にする他人はいません

まず、最初にお伝えしたいのは、〝人は、そんなに人のことを興味深く見ていない〟ということです。

他人はあなたに興味があって仕方がなく、あなたを見た他人は、見た後にあなたのことを思い出し、今日のあなたのファッションが良かったのか、今日のあなたの言葉はステキだったのか、そうじゃなかったのかということを振り返る時間をとっている……と思いますか？

おそらくその答えはノーですよね。

身近な人ならまだしも、道ですれ違う人やレストランの店員などの見ず知らずの他人は、おそらくそんなにあなたに興味を持っていないと思います。

あなたの髪型のおさまりが良かろうが悪かろうが、あなたのファッションが決まっていようが決まっていまいが、あなたの足が細かろうが太かろうが、そんなに関心は持っていないと思います。

あなたを見て「あ、あの子のお洋服可愛い」と思った見ず知らずの人がいたとしても、多分2分後くらいには忘れていると思います。

他人は、あなたのことをチェックして批評するほど、そんなにもあなたには興味を持っていないと思います（恋人などの身近な人は省きますよ）。

多分あなたのことをチェックして、評価しているのは他人ではなく、あなたではないでしょうか？

●あなた専用監視員を解雇せよ

あなたはあなたを監視している監視員を持っていませんか？

その監視員さん（自分なんですけどね）が、あなたをチェックするのです。

・今日は髪型のおさまりが悪いけれど、それって可愛くないんじゃない？

・そのファッション似合っているの？　似合っていないと価値がないあなたの

価値がますます低くなるんじゃないの?
・スカートが短くて足出しすぎなんじゃない? 人様に見せられるほどのきれいな足じゃないんじゃないの?

と、監視員さんがあなたをチェックして、批評しているのです。それを外に投影するので、他人があなたを見て批評をしないかが気になるのです。

これは単なる**投影であり、他人はあなたのことをチェックして、批評するほど、そんなにもあなたに興味は持っていない**と自分に言ってあげましょう。

過去に他人から批評されて傷ついたことがあるとか、容姿をネタにいじめられたことがあるなど、トラウマ的な体験から他人の目が気になって仕方がないという人もいます。この場合は、そのトラウマ的な体験を乗り越えていく、癒していくことが必要です。トラウマ的な体験は、カウンセリングなどの機関を使いながら癒すことになると思うので、ここでは割愛させていただきますね。

トラウマ的な体験はないのに他人の目が気になる人は、監視員さん（自分のことですよ）があなたをチェックして、批評しているのでしょう。

そういう人は、「他人は私のことをチェックして批評するほど、私のことを気になって気になって仕方がないわけではなく、そんなにも私に興味は持っていないんだ」と、自分に教えてあげてくださいね。

この考え方は、他人はあなたに関心がなく、あなたは関心を持たれないほど価値がない人なんですよ、という意味ではありません。あくまで、他人の目が気になって仕方がないと思うのをゆるめるための考え方です。そう思うことで気になる度合いがゆるむことがあるのですから。

気にしているのは、他人ではなく自分

「失敗が怖い」気持ちは手放せます

失敗したことを思い出して、クヨクヨしてしまうことはありませんか？
失敗したことを忘れられない。その気持ち、私なりですが、わかります。
気になりますよね。

あなたの友人の失敗で考えてみましょう。
遅刻をした、約束の日を間違っていた、借りたものを壊してしまった。など
など、あなたの友人が何か失敗してしまったということがあったとします。
あなたはその友人の失敗に関してどんなふうに思いますか？
「失敗をするなんてほんとダメなやつだな」「その失敗した出来事を肝に銘じ
て、二度とそういうことを犯さないように、一生気にして生きたほうがいい」
と思うでしょうか？

そしてあなたはその友人の失敗をずっと忘れないようにするでしょうか？

多分そんなことはないですよね。

失敗した友人の出来事に関して、「失敗なんて誰でもあるよ」「気にしなくていいんじゃない」というくらいにしか思わないのでは？　そしてあなたは、その友人の失敗をしばらくしたら忘れちゃうんじゃないでしょうか？

だって、失敗しない人なんていませんものね。

●しばらく後には、誰もその失敗を覚えていません

あなたが友人に対してそう思うように、友人もそう思うんじゃないでしょうか？　そして友人以外にもあなたに対して、そう思う他人はいます。

もちろんすべての人ではありません。職務上部下の失敗を叱らなきゃいけない人もいます。人の失敗を揚げ足をとったように攻撃をする心ない人もいます。

そういう人もいますが、「失敗なんて誰でもあるよ」「気にしなくていいんじゃない」というくらいにしか思わない人も間違いなくいます。

あなたの失敗を同じようにそう思い、しばらくしたら忘れてしまう人も間違

いなくいます。

あなたが友人に対して思うように、そして、あなたに対して同じように思う人がいるように、**あなたがあなたに「失敗なんて誰でもあるよ」「気にしなくていいんじゃない」と言ってあげましょう。**だんだんと、失敗を受け入れられるようになっていきます。そして、気にならなるでしょう。

完璧な人間なんていません、人は失敗があるものです。

失敗をして何かを学び、ちょっとずつ成長できればいいんですよ。

失敗なんて、誰でもしていること

人前で話す緊張をとく、プレッシャー解放術

私は今、カウンセラー以外に、セミナーの講師として人前で話すこともあります。ですが、もともとは私自身が人前に出ると緊張してうまく話せないということに悩んでいて、カウンセリングや心理学のセミナーに出合って、その悩みを解消していったという経験があります。

ですから、人前に出ると緊張してしまってうまく話せないという緊張感やパニック感は、私なりですがわかります。

人前で緊張してうまく話せないのは、自分がどう思われているのかが気になったり、うまく話せなかったときに失敗感にとらわれて気になってしまうからではありませんか？

人前に出ると緊張してうまく話せないから、なるべく出たくないのに、人前で話さなければいけないシチュエーションがやってくることがあります。

会社の朝礼や会議のプレゼンテーション、ＰＴＡの役員になってしまい人前で話さなければいけなくなったり、親友からどうしてもと頼まれて結婚式でスピーチをすることになったり……。

避けて通りたいのに避けられないことが、人生にはちょくちょくあります。困ったものですね。だからそれを気にならなくする方法や、考え方をご紹介します。

●自己否定や自己嫌悪の心理

自己否定や、自己嫌悪という心理があると、人前に出ると緊張してしまってうまく話せないという現象が起きることがあります。

これは自分で自分のことを受け入れていないので、人前に出るとその心理が外に投影されてしまうことで起こる緊張です。

自分を受け入れていない心理が外に投影されると、「私が私のことを受け入れていないように、人も私のことを受け入れていないんじゃないだろうか？」と心は感じます。意識レベルで感じることもありますし、意識としては認識できていなくても、深層心理ではそう感じている場合もあります。

この人は自分のことを受け入れていないんじゃないだろうか？　という恐れが人前での緊張を作るのです。

根本的な解決方法としては、2章の『人にどう思われているか気になる深層心理』（P.70参照）で書かせていただいたように、〝自分はこれでいいんだ〟と、自分のことを受け入れていくことが根本的な解決法になってきます。

そうすることで「私が私のことを受け入れていないように、人も私のことを受け入れていないんじゃないだろうか？」という投影がなくなり、この投影からくる緊張もなくなっていきます。

この自分のことを受け入れるようになっていくというのは、ちょっと時間がかかるケースが多いです。

何回も、何十回も、何百回もそう思っていくことで、自然と「自分はこれでいいんだ」という感覚に変わっていきます。思考ではなく、感覚的にそう思えるようになっていきます。

根本的な解決法はそうなのですが、ただ、ちょっと時間も必要そうですね。そう思えるようになるまで人前で話すことは避けて通れるかというと、避けて通れないこともあると思います。そう思えるようになるまでに、気になるのをやわらげるのに役立つ考え方を紹介しますね。

●ちゃんと話せなくてもいい、の暗示

人前に出ると緊張してうまく話せないという方とお話をしていると、ちゃんと話さなきゃという思いでいっぱいになるとおっしゃることがあります。

「みんなの目が私のほうに向いている。みんなが私に注目している。失敗しないようにうまく話さなくっちゃ、ちゃんと話さなきゃ、ちゃんと話さなきゃ、ちゃんと話さなきゃ、ちゃんと話さなきゃ……」

と、思っているうちに頭が真っ白になってしまうというのです。

ちゃんと話そうというプレッシャーをどんどん自分にかけていき、話せなく

なってしまうんですね。

違う表現の仕方をすると、話すのを失敗してはいけないというメッセージを自分に送ってプレッシャーをかけているとも言えます。

失敗しないように……という気持ちが強すぎると、失敗をするのが怖くなり、心は緊張していきます。そしてうまく話せなくなるのです。

ちゃんと話そうと思うことで、結果的には話せなくなるわけです。

だから逆に「ちゃんと話せなくてもいいんだ」と自分に言ってあげましょう。

「ちゃんと話せなくてもいいんだ」と自分に言い聞かせるときに、その理由を考えて、それも一緒に自分に伝えてあげると、やりやすくなるでしょう。

たとえば、

「ちゃんと話せなくてもいいんだ。内容がだいたい伝わればいいんだ」とか「ちゃんと話せなくてもいいんだ、つまづいても、噛んだりしても内容が伝わればいいんだ」「うまくスマートに話すことではなく、一生懸命という熱意を伝えることが大事なんだ、だからちゃんと話さなきゃと思い過ぎなくてもいいんだ」「ちゃんと話すことが大切なのではなく、自分なりにベストを尽くすことが大切なことなんだ」などと、ちゃんと話せなくてもいい理由を一緒に自分に言い聞かせてみましょう。

そうすることで、話すのを失敗してはいけないというプレッシャーから心は解放され緊張がゆるみます。すると今までより、うまく話せるでしょう。

ちゃんと話せなくてもいいと思えると、話しているときに噛んでしまったり、話す予定の一文を飛ばしてしまったりしても、そのことを引きずらずに前に進みやすくなるはずです。「まぁ、やってしまったことは、しょうがない」と軽く流しやすくなっていくことでしょう。

ちゃんと話せなくても良いと思うことで、結果的にはちゃんと話せるようになるわけです。不思議ですね。

しょうがない、の魔法をかける

小心者さんが、心で唱えてほしい言葉

失敗してしまうのが怖い、ミスをして怒られることが怖い、嫌われるのが怖い、変な奴と思われるのが怖い、恥をかくのが怖いなどなど、いつもビクビクしてしまう方は、恐れが強い傾向があります。

恐れが強くビクビクすることを悪くとってしまうと小心者だと気になってしまいます。

ビクビクしてしまうということはご本人的に心が緊張状態になり、精神的な負荷が高い状態になります。これは心が疲れるので良いとは言えないのですが、良い面もありますから悪くとらないでくださいね。

●恐れが弱い人の長所と短所

たとえば失敗することへの恐れが弱いと大胆な行動をとります。それが恐れが弱い人の長所ですね。

しかし大胆すぎてあまり何も考えず「とりあえずやってみようー」という行動に出やすいという面もあるのです。その結果、失敗してしまうのです。

たとえば、社長から平社員まで全員があまり何も考えずに「とりあえずやってみようー」という人ばっかりだと、たぶんその会社は潰れるでしょう（笑）。

大胆な行動がとれるという長所もあれば、慎重にしたほうがよいシーンで無謀なことをしてしまいがちという短所があったりします。

●恐れが強い人のすごい長所

会社という組織には、そのような大胆な行動をとれる人もいれば、「失敗しないように慎重に動いたほうがいいんじゃないですか。関係者に根回しなどをしておくのも必要ではないですか」と、失敗を恐れて慎重に考える人、慎重に行動できる人が必要です。そういう人もいる会社はうまくいくのです。

恐れが強いということは、危機管理能力や危機回避能力が優れているという面があります。

失敗への恐れが強い人は失敗しないように危機管理をし、失敗を防ぎます。ミスをして怒られることが怖い人は、怒られないように気をつけるのでクレームを言われるような事態をあまり起こしません。

嫌われるのが怖い人は、嫌われる言動に気をつけるので人に嫌な思いをさせません。

変な奴と思われるのが怖い人は、自分の発言が人にどううつるのかを意識するので、接客などの社会的な場所で好感を持てる対応が上手という強みを持っていることがあります。

恥をかくのが怖い人は、恥をかかないように危機管理をするのでマナーが良かったり、良識的な行動、常識的な行動をとるのが上手です。

恐れが強いことによるプラスの効果はたくさんあるので、小心者と自分を卑《ひ》下《げ》するような考え方はしないでくださいね。

そうやって自分を卑下する、悪く思うことをなくしていきましょう。自分の特性を知って、自分をフォローできればいいのです。

●恐れが弱い人、強い人

たとえば、恐れが弱いがために、「とりあえずやってみよう」というタイプの方は、「自分はあまり何も考えず行動する傾向があるから何かはじめるときは毎回一度立ち止まって、気をつけたほうがいいことはないかな？　と一度考えてみよう」と自分の特性を知った上で自分をフォローするような考え方をしてみると、あまり考えずに行動することでの失敗を防げますよね？

同じように恐れが強い人は、危機管理や危機回避がうまいというプラス面がありますが、ビクビクしてしまうことでの精神的な負担が強くなることや、心が萎縮してしまって行動しにくいという傾向もあるという自分の特性を理解して、自分をフォローする考え方を見つけていきましょう。

その一つとして、**萎縮する心をやわらげるために、意図的に、自分で自分に対して「大丈夫」という安心させる言葉を投げかけてみる**のもいいでしょう。

たとえば、受験で受かるかどうか不安がっている子がいると、親や塾の先生などが「今まで頑張ってきたから大丈夫だよ。受かると思うよ」と声をかけて、その子を安心させようとしますよね。そしてその言葉によって心が落ち着いてくることがあります。

同じように、自分で自分に対して「大丈夫」と声をかけることにより緊張がやわらいで落ち着いたり、勇気が湧いてくるという効果があります。

「今まで練習してきたから大丈夫」
「準備をしてきたから大丈夫、うまくいく」
「ベストを尽くせばいいだけだから大丈夫」
「みんな嫌っているわけじゃないから大丈夫」

というように、自分を安心させるために、勇気づけるために大丈夫という言葉をかけてみましょう。

「大丈夫」を自分のために言ってあげよう

うまくやろうと思わず、ベストを尽くす

うまくやろうという思いが強くなってしまうと、うまくできなかったときにそのことを気にしてしまいます。

また、うまくできないことを恐れて、チャレンジがしにくくなります。

たとえば、職場の付き合いの一環で飲み会をすることになったとします。そこに、恋愛対象として気になる人が参加するとのこと。そこで、この飲み会で仲良くなりたいと思ったりします。

「この機会に、お近づきになりたい。絶対にこの機会をうまく活かしたい！」と思ったとします。

飲み会ではポジションどりもうまくいき、意中の人の近くに座れました。

しかし、気合を入れてポジションどりは成功したものの、そこからの会話が

うまく続かず、お互いが無言になってしまう時間がちらほら出てしまう。焦って無理やりひねり出す話題はスベる話題ばかり。

そして、飲み会が終わってから思うのです、

「せっかくの機会だったのにうまく話せなかった。バカバカバカ私のバカ。無言になっても焦らずにいたら、もうちょっとうまく話せたのかもしれないのに。もうこんな機会はないかもしれないのに、なんでうまく話せなかったんだろう」

と、うまく話せなかったことを気にしてしまいます。

うまくやろうという思いが強いことで、うまくできなかったことを気にしてしまうタイプの人は、このうまくやろうという思いをゆるめたほうが良さそうです。

●うまくやろう、と思わない

うまくやろうと思わずにベストを尽くそうという考え方をしてみましょう。うまくできるかどうかを気にしすぎてしまうと、心が萎縮してチャレンジしにくくなってしまいます。

先ほどのたとえ話を使って説明すると、意中の人と話そうとしたときに、うまく話そうと思いすぎると、「話がうまく運ばなかったらどうしよう……」ということが気になって心が萎縮し、無難な話題しか浮かばなくなってしまったり、普段の自分の持ち味が出なかったりしてしまいます。

うまくできるかどうかは横に置いといて、自分なりのベストを尽くしてみようと思ってみましょう！

そのほうが、結果的に思うようにいかなかったとしても、気にしない考え方をしやすくなります。

意中の人との会話が続かず無言になってしまう時間があったり、スベってしまったりしても、それがベストを尽くした結果であれば「お近づきになろうと私なりに一生懸命頑張った！　ベストを尽くした結果だからしょうがないな」と納得しやすいです。うまくいかなかった結果を気にして引きずらずにすみます。

だから、うまくやろうと思わずにベストを尽くそうと思ってみましょう。

うまくやろうと思うことは良いことです。

そう思うことで、物事を良い状態に持っていこうとし、人間関係でも仕事でもミスを防ぎます。向上心がある良い考え方です。

でも、うまくやろうとする思いが強くなりすぎて気にしてしまう場合は、ベストを尽くせばＯＫという考え方をしたほうがラクになりますよ……という話だと、とってもらえたらと思います。

うまくやろうと思わなくて、いいんです。

うまいかどうかは、じつはあまり関係ない

誰か基準ではなく、私なりに頑張ったことを探そう

私たちは自分と他人と比べて自分のことを卑下したり、コンプレックスを感じてしまうことがあります。そしてそのことを気にしてしまうのです。

たとえば、30代半ばで部下がいるポジションについた人がいたとします。今までは、自分のことだけをしていればよかったのですが、部下ができたことで部下の仕事の進捗状況の管理や、自分の下についた数人いる部下をまとめて、グループとしてうまくやっていけるようにしなければならなくなります。

その人は人柄が良く部下からも慕われ、部下たちは「この人のためなら頑張ろう」と思い、グループとしては良い雰囲気で動くようになったとします。グループ作りに成功したわけです。

ですが、その人は管理が苦手で、部下の仕事の進捗状況をチェックすること

をついつい忘れてしまいます。

部下から「この仕事ですが、進捗状況を確認しておかなくても大丈夫ですか？」と言われます。部下のほうが、上司が忘れているだろうなぁとフォローをしてくれるのです。その部下からの言葉を聞いて「あっ、忘れていた！　確認しておかなくっちゃ」と思い出すのです。

そして、その人はその後に「この年齢ぐらいになったら管理もできなきゃいけないのに私ってダメだな、同期はできてるんだろうなぁ」と、同じ年齢くらいの人や同期と比べたりして、自分はダメだなと思ってしまうのです。そして、そのことを気にしてしまうのです。

誰かと比べて自分がダメだなと思っているうちに、良い雰囲気でうまく機能しているグループを作れていることについて、「私ってよくやれている」とか「私は頑張れているなぁ」などと自分を肯定することを忘れちゃうんです。

●誰かと比べることほど時間の無駄はない

あなたにもありませんか？　誰かと比べて、何かと比べて、自分を卑下したり、コンプレックスを感じてしまうことが。

そして自分のうまくいっているところや、良いところを見るのを忘れてしまっていませんか？

誰かと比べたり、何かと比べたりするのはやめてみましょう。

人には、得手不得手があります。

たとえば、管理が得意な人もいれば、苦手な人もいます。

グループに良いムードを作るのが得意な人もいれば、苦手な人もいます。

管理は得意だけど、良いムードを作ってグループとしてうまく機能させることが苦手という人もいます。

誰でも得手不得手があって当然です。不得手な面があってもいいのです。

不得手な面があったとしても、あなたなりに頑張っていれば良いのです。

●自分の見方を180度変えてみる

・このくらいの年齢なら、人前でのスピーチができる人が多いのに、苦手意識を持っていて私はダメだな。

・このポジションについている他の人は弱音なんか吐いていないのに、弱音が出てきて、私はダメだな
・近所のお父さんお母さんはイライラせずに子どもに接しているのに、イライラしてしまって私はダメだな
・友達はパートナーを作って恋を楽しんだり、結婚している子も何人もいるのに、恋に臆病で、私はダメだな

というように、誰かと比べたり、何かと比べることをやめることにチャレンジしませんか?

比べることをこの先続けたとして自分を好きになれたり、心穏やかに過ごせたりが得られそうですか?

たぶん、そうはならないですね。

誰かと比べるというのは自分の価値を計る基準を他人基準にしてしまっているということです。これは比べる相手によって自分の価値が変わってしまうということであり、自分の価値が不安定になってしまうやり方です。自分の価値

を計る基準の軸は自分で持っておいたほうが、心が安定するのです。

だから誰かと比べるのをやめて、自分を認めることにチャレンジしていくことが必要です。得手、不得手があって、自分なりに頑張れていたら良いという価値感を持つことにチャレンジしてみてください。

・苦手なスピーチだけど友達の結婚式ということで断らず友達のためにスピーチをした私はえらい！　私なりに頑張った。
・弱音を吐きながらも仕事を頑張っている。私なりに一生懸命やっている。私はよくやっている。
・子どもにイライラしてしまうことがあるけど、私なりに子どもを一生懸命愛そうとしている。えらいよ、私。
・私は恋に臆病で好きな人ができても好きと言えなかったり、傷つくことを恐れて近づけなかったりしているけど、恋愛で幸せになりたいとあきらめない私は頑張っていると思う。私なりに前に進んでいる。

という具合に、あなたなりに頑張れているところを見つけていきましょう。そして自分を褒めてあげましょうね。あなたなりに頑張っているところを褒めることができ、自分を認められる心が育っていくと、たとえ状況自体は変わっていなくても、気になることはなくなります。心の感じ方が変わるのです。

たとえば、スピーチが苦手な人が友達のためにスピーチを頑張った自分を褒められて自分を認められるようになると、スピーチは苦手なままかもしれませんが、スピーチに苦手意識を持っている自分をダメだなぁと気にすることはなくなっていきます。状況は変わってなくても気にすることはなくなっていくのですね。

あなたなりに頑張っていることを何百回と褒め続けてみてください、すると、自分のことを認める心が育っていき、やがて自分のことを認められるようになりますから。

自分は頑張っている!

結果ではなく、あなたの善意、愛、努力、勇気を探そう

たとえば、あなたが何かをしたという出来事が複数あったとします。

・友達が悩んでいるので、アドバイスをしてあげた
・パートナーに手料理を振る舞った
・営業職で物を売った
・パートナーにラクをしてもらおうと洗い物をした

こうしたことを全部、成功という結果にするということは……

・友達が悩んでいるので、アドバイスをしてあげた
↓希望に満ちた目に変わり、ありがとうと言ってもらえた

・パートナーに手料理を振る舞った
↓目をキラキラさせて大喜び。今日のデートはラブラブコース

・営業職で物を売った
↓毎日接客するたびに物が売れてトップセールスマンに

・パートナーにラクをしてもらおうと洗い物した
↓パートナーは大感激で機嫌が良い

ということですね。そうできればステキですね。

まさか、毎日成功しようなんて思っていませんよね？

結果という観点だけ捉えると、成功か失敗かという評価になりがちです。でも、現実的には毎日成功するというのは難しいですよね？　至難の業というか、それは……人間である限り無理だと思います（神様はできるかもしれません

が)、頑張っても、結果がうまくいかないことはあると思います。

・友達が悩んでいるので、アドバイスをしてあげた
↓アドバイスしたら、そんな言い方しなくてもいいじゃないかと怒られた。

・パートナーに手料理を振る舞った
↓お口に合わなかったようで、テンション低め。美味しいよと言ってくれているけど、そんな表情ではなさそう。残念。

・営業職で物を売った
↓2時間接客したが買ってもらえず。「私の2時間を返してくれ」という気分になる。

・パートナーにラクをしてもらおうと洗い物した
↓「角っこに油が残っている」「洗い物をしたらシンクの掃除までしといて

よ」と家事ハラにあう。

なんて、結果になることもあるでしょう。

すべてのことを毎日、成功という結果に導くのは難しいです。

●よかれと思って…

たとえば、友人から恋愛の相談にのってほしいと電話がかかってきたA子さんという女性がいたとします。

仕事でくたくただったA子さんでしたが、恋に悩んでいる友達のためになればと思い疲れた体を押して、友達の相談にのることにしました。

友達の悩みは愛されすぎて不安になるということでした。

友達曰く……。

「彼は私のことを大好きと言うの。毎日君に会いたいと電話かけてくれるの。今日も電話をくれて私にこう言うの〝今日も君の顔を見たいんだ、だから僕の店に来てほしい。そして僕たちの愛のためにドンペリを3本ほど開けてくれないかな。それで乾杯をしよう。君に無理はさせたくないからドンペリはゴールドじゃなくてピンクでいいから〟そうやって私のことを気遣ってくれるの。大切にされすぎて怖いんだけど彼の愛情を信じていいのかな?」

お友達の話を聞いてA子さんは思うんです。

「……カモにされている」

そう思ったA子さんは、言おうか言うまいか迷ったあげく、お友達のことを思って真実を告げることにしました。

「あなたのことを思って、私が思っていることを言うね。ちょっと言いづらい言葉だけど、彼はホストで、お客としてお金を落としてほしくて、あなたに営業の電話をかけているんだと思うよ」

そう言ったところお友達は、泣きながら怒りだすのです。

「ひどい、ひどいわ。なぜそんなひどいことを言うの。あなたに相談したのが間違いだった。とても傷ついたわ。しばらくあなたとは話したくない」

と電話をガチャッと切られるのです。

良かれと思ってアドバイスをしたことが、結果的には友達に怒られるという、うまくいかない結果になることがあります。

結果で言うとアドバイスは失敗です。

●結果より、プロセスや背景に目を向けてみる

私たちは失敗があると、失敗という結果を気にしてしまいます。

たとえば先ほどの例だと、友達にアドバイスをしたところ、友達はそのアドバイスをお気に召さずA子さんに怒り、友達との関係にも溝ができてしまったという結果になってしまいました。

だけど、その結果に至るまでのA子さんの善意、愛、努力、勇気を探すと、A子さんは自分のことを認められるポイントを見つけることができます。
・結果としてはうまくいかなかったけれど、疲れた体を押して友達をサポートしようとした、その善意や頑張りは自分を認めて良いところだと思う。
・友達が後々、傷つかないようにと思って勇気を出して真実を伝えようとした。その勇気を出したことは素晴らしい。

・アドバイスをしなかったら怒られなかったかもしれないけど、友達を守りたいと思った私の愛は素晴らしい。そこは自分を認めていいところだと思う。

という具合に、結果に至るまでに、あなたのハートから出した善意、愛、努力、勇気を探して自分を持ち上げるのです。自分って、なんていいやつ！　と自画自賛すればいいんです。

するとふっと自分のことを認められたりするのです。

そうして自分のことを認めていけると結果がうまくいかなかったからといってそれを気にして、引きずらなくてよくなれるのです。

あなたのハートから出した善意、愛、努力、勇気を探してみてくださいね。

自分がやったことを否定しない

愛してくれてありがとう、助けてくれてありがとうを探そう

人に心配をかけないように、迷惑をかけないようにしたいと思う、良い人がいます。

自己中心的な人は、自分さえよければいいので、人に迷惑かけているかどうかなんて気にしません。

人のことを気遣っていたり、人に嫌な思いをさせたくなかったりする、優しい気持ちを持っている人は、人に心配かけていないか、とか、迷惑をかけていないかを気にします。そこが気になるのはその人の良いところだと思います。そんな人だからこそ、人の善意を受けると、心配させてしまって申し訳ないなぁと気にするのです。

同じく、人に負担をかけたときに、迷惑をかけてしまって申し訳ないなぁと気にするのです。

堅い表現で言うと罪悪感を感じてしまうのです。

気にする人は何か月も気にしてしまいます。何か月どころか年単位で気にしてしまう人もいます。

良い人だからこそ余計に引きずってしまうのです。

罪悪感は悪いことをした自分が罰せられなきゃいけないという感情です。気にしている間、「自分のせいで心配させてつらい思いをさせて本当に申し訳ない」とか「自分さえしっかりしていれば迷惑かけなかったのに」と自分を責め続ける人もいます。

そんなに長いこと罪悪感を引きずるのはしんどいですね。

●「申し訳ないなぁ」を手放してみる

視点を変えてみましょう。

「心配をかけてしまってごめんなさい」は、「愛してくれてありがとう」に変換することができます。

「迷惑かけてごめんなさい」は、「助けてくれてありがとう」に変換することができます。

心配してくれているというのは、あなたのことを気にかけてくれている、あなたのことを思ってくれているということですよね。あなたのことを愛してくれているということです。

だから愛してくれてありがとうという言葉に変換できます。

迷惑をかけたというのは（すべてのシチュエーションには当てはまらないかもしれませんが）、あなたのために何かしらの労力を相手は負ったということでしょう。

たとえば、あなたの相談にのってくれるという労力をあなたのために使ってくれたり、あなたの仕事を助けてくれるという労力をあなたのために使ってくれたり、**何かしらの労力を相手はあなたのために負ったということ**でしょう。

つまり、あなたを助けてくれているのです。

だから助けてくれてありがとうに変換できます。

●「ごめんなさい」と思う前に、「ありがとう」と思ってしまう

日常的に、愛してくれてありがとう、助けてくれてありがとうと思えるシーンがないか探してみてください。

探すときのコツは、**心配をかけてごめんなさい、迷惑かけてごめんなさいと感じてから変換するのではなく、最初から探してみる**んです。

ごめんなさいと罪悪感を感じてから、罪悪感をありがとうの思いに変換するのは結構大変です。

だから最初から愛してくれてありがとう、助けてくれてありがとうを感じられるように探しておくのです。

たとえば、一人暮らしのお家でぎっくり腰になってしまったとします。

もう一歩も動けない状況。何とか携帯電話のところまで這《は》っていき、友人に電話をかけました。友達は「大丈夫、今すぐ家に行くから」と言ってくれて車でお家に来てくれたのです。そして友人に肩を借りて、友人の車で病院に連れ

て行ってもらうのです。

こうしたときに、心配をかけてごめんなさい、迷惑をかけてごめんなさいと感じることもできますが、愛してくれてありがとう、助けてくれてありがとうと感じることもできます。

最初から、愛してくれてありがとう、助けてくれてありがとうはないかなぁ？と探してみると、このようなシーンがやってきたときに後者を感じられることでしょう。いっぱい見つけられるといいですね。

申し訳ないという気持ちより大事なことを伝えよう

禁止していることを見つけて、ゆるめてみよう

人は基本的に自分に禁止していることを他人がしていると、嫌な感じがしてしまいます。

腹が立ったり、気に食わなかったりという嫌な感じがして、その人のことが気になってしまいます。

たとえば、人に迷惑をかけたくないという気持ちは一般的に良いことですよね？　でも、その思いが強くなりすぎると、心理的な禁止の要素が大きくなってきます。

迷惑をかけないということは、逆に言うと迷惑をかけるということを禁止していると言えます。またシチュエーションによっては迷惑をかけないために、自分の都合を優先することを禁止したり、人を頼ることを禁止することにもつ

ながります。

すると、迷惑をかける人、自分の都合を優先する人、人を頼る人に対して嫌な気持ちを持ちやすくなるのです。

そして、「なんであの人は人に迷惑かけて平気なんだろう？」とか、「自分の都合ばっかり優先して周りの迷惑も考えろよなぁ」とか、「あの人はすぐ人を頼る、もっと自分で頑張ればいいのに」などと、その人のことが気になってしまいます。

●たまには自己都合を優先する

ちょっと違う例も出してみますね。

協調性を持たなければいけない、そのためなら個人の都合は後回しにすべきだと思っている人がいたとします。チームワークを大事にする人です。

協調性を持たなければいけないということは、自己都合を優先するということを禁止しているという言い方もできます。

そのタイプの方が残業をしていたと仮定します。

職場で決められたノルマがあり、そのノルマを自分の部署はまだ達成していない。その方は自分の分のノルマは達成しているのですが、部署全体のノルマが達成できていないので部署全体のことを考えて、チームのために残業をしてノルマを達成すべく頑張っています。

「こういうときはチームワークだから、ノルマが達成できるまで一踏ん張りしなきゃ」

そう思って恋人とのデートの約束をキャンセルして残業を頑張っている。自分の都合は後回しにして、チームのことを優先するわけです。

そんなとき、同僚が定時で帰ろうとするのです。

「今日はデートなんで帰りまーす」と。

すると、自分が禁止している自己都合を優先するというのを見るので嫌な気持ちが心の中に湧き起こります。

「お前、空気読めよー。みんなノルマ達成しようと残業しているんだろう（怒）」と、そんな気持ちになってしまうのです。

だから、自分に禁止しているものがあれば、禁止をゆるめていきましょう。自分が気にしなくなるために。
先ほどの話でいうと、自己都合を優先することへの禁止をゆるめていく。「時と場合によっては自分の都合を優先するときがあってもいいかもしれない」というように自己都合を優先することへの禁止をゆるめていくと、「今日はデートなんで帰りまーす」という人を見ても、心が反応して嫌な気持ちにならなくなったりします。その人のことも気にならなくなるのです。
自分に禁止していることを見つけて、それをゆるめていってくださいね。

自分に禁止していること、ありませんか？

楽しいことや、ラクを感じることを増やしてみる

私たちは自分に余裕がないと人に対しておおらかでいることや、優しくいることが難しくなります。

そして、些細《ささい》なことにイライラしてしまいます。

そうすると、イライラする人のことが気になるという面と、イライラして人に対しておおらかでいられなかったことや優しくできなかったことを気にしてしまう面、二重に気にしてしまうことが増えてしまいます。

あなたにはありませんか？　余裕がなくなってしまったために普段なら気にならないことも気になってしまうようなことって。

たとえば、恋人と待ち合わせをしていて、恋人が15分遅刻したとします。

「ごめん、Google Mapを見ながら来たんだけど、途中で電池が切れちゃっ

てさぁ、コンビニで電池式の充電器を買っていたら遅くなっちゃった」

普段なら、「へー、そうなんだと」と思うくらいで、15分待ったこともなんとも思わないのですが、その日は余裕がなかったので、「携帯ぐらい充電しときなさいよね」と、ちょっとイラッとした口調で言ってしまう。そして後で「謝っていたんだから、あんな言い方しなくてもよかったのになぁ」と、イラッとした口調で言ってしまったことを気にしてしまうのです。

という具合に、普段なら気にしないでいられることも、余裕がないとイライラたり、後でイライラしたことを気にしてしまったりするのです。

自分に余裕をもつことを意識してみましょう。

体力的に余裕をもつために睡眠を多めにとるとか、時間的に余裕をもつためにスケジュールを詰め込みすぎないとか、いろいろ余裕をもつ方法はありますが、今回私がオススメするのは、楽しいことやラクを感じることを、もっと増やしていこう！　という方法です。

●自分で自分を上機嫌にする

楽しいことやラクを感じることを、もっと増やしていくと、気持ちの余裕が生まれます。

楽しいとあなたの機嫌が良くなりますよね？

ラクをしていると、文字通り気持ちもラクなので、おおらかな気持ちでいられると思いませんか？

そうです、そうなりますよね。

だから、気持ちの余裕が生まれるのです。あなたの機嫌をとるためにあなたが楽しいと思うことをもっとしてみましょう。

たとえば、趣味の時間を少し増やしてみるのもいい。食べることが好きな人は、ずっと行ってみたかった憧れのレストランに美味しいものを食べに行くのもいいと思います。

この服を着たらテンションが上がるなぁと感じる洋服や靴を奮発して買って、

その洋服や靴で街を歩くのもいいと思います。

疲れてくたくたのときはマッサージに行って疲れをとってもらいラクになることもいいと思います。

また、同じく疲れているときなんかは、ちょっと贅沢して駅から家までタクシーで帰るというラクをしてもいいかもしれません。


あなたの余裕が増えるように、楽しいことやラクを感じることを、もっと増やしてみましょうね。ラクすることを自分にゆるしてあげてください。あなたのご機嫌をとるために最適なことを知っているのは、他でもない、あなたなのですから。自分に優しくしてあげてくださいね。

自分の機嫌をとっていい

やるべきことに追われがちな人のスケジューリング

職場でやらなければいけない仕事に追われていませんか？

行きたくない懇親会や接待などの付き合わなければいけない人間関係に追われていませんか？

家では掃除、洗濯、ご飯の用意、お風呂の掃除、車の洗車、役所の手続き、クリーニングを出しに行く・取りに行く、などなどすべきことや、やるべきことに追われていませんか？

このすべきことや、やるべきことって、終わりがあるんでしょうか？　キリがなくありませんか？

たとえば家事などは完璧にしようと思えばいくらでもあります。換気扇の油をとらなければいけない、お風呂のカビ掃除をしなければいけない、電子レンジの中も掃除をしなければいけない、etc.…と、いくらでもすべきことや、やるべきことは見つかってきます。追われることがいっぱいです。

よく「優先順位をつけろ」と言われますが、この本の読者のような真面目な方々は、自分の楽しみやラクより、仕事や家事などの「すべきこと」を優先してしまう傾向があります。

すべきことや、やるべきことに追われていると、自分を上機嫌にするために楽しいことや、ラクを感じることを増やすことを忘れてしまい、ついついすべきことや、やるべきことを優先してしまいがちになってしまう方もいらっしゃいます。頑張り屋さんだったり、責任感が強かったり、家族思いだったりと、いい人はそうしてしまうことが多いのです。

そういう人は、**楽しいことや、ラクを感じることを増やすことを忘れないように、スケジューリングしてしまいましょう！**

まずは、あなたが楽しいと感じること、心や体がゆるむこと、ラクをするためにできることを書き出してみてください。できれば多めに。

たとえば……。

・おしゃれをするとテンションが上がる。ショッピングに行く時間を作る
・肩コリがひどいからマッサージに行って体をゆるませてあげる
・毎日残業だと心が病んでくる。たまには定時に帰る
・家事がラクにできるように自分に食洗機をプレゼントする
・海外旅行が大好き。南の島でリゾートを楽しむ

などなど10個以上くらい書き出してみてください。

そして、その中から実現可能そうなものをスケジューリングしていきます。

「毎週水曜日は定時に帰る日にしよう。そして今月の2週目の水曜日の定時後にマッサージに行くことにしよう。洗い物から解放されるために月末に食洗機を買いにいこう」

などと決めていきます。そしてスケジュール表に書き込んでおきます。

書き出した中には実現不可能なものもあると思います。

それは、またいつか実現する項目として無理にスケジュールに組み込まなくてもOKです。

「南の島でリゾートは、今は会社が繁忙期だから無理だなぁ……。これはまたいつかってことで」という感じで、無理にスケジュールに組み込まなくてもOKです。楽しいと感じること、心や体がゆるむこと、ラクをするためにできることも無理にスケジューリングすると、それが逆に疲れる要因になってしまいます。無理のない範囲で、可能な範囲で、スケジューリングしていきましょう。

ついついすべきことや、やるべきことを優先してしまいがちな人は、そうやって楽しいことや、ラクを感じる時間を確保してしまいましょう。

自分を上機嫌にする時間を確保することで、あなたの余裕が増えるといいですね。そして気にならないことが増えるといいですね。

上機嫌の時間を確保する

忙しいリズムで動く人向けの何もしないデー

普段忙しくしている人の中にはのんびりすることが苦手という人がいます。普段から忙しいリズムで生きているので、そういうリズムに慣れてしまっているのです。だからゆっくりしようとしても落ちつかず、普段できていない家の用事をしたり、遊びに行って気分を発散しようとしたり、ゆっくりせず動いてしまいます。

遊びに行って気分を発散することは良いことだと思います。だけど、体の疲れがとれるかというと、そうではなかったりします。また遊びに行って気分も発散するというのは興奮状態になるので、精神的なリラックスする時間とはまた違います。気分は発散したけど、おだやかな心のモードにはならないこともあります。

そういうときは、のんびりが必要なんですね。

普段忙しいリズムで生きているがゆえにのんびりすることが苦手な人は、何もしない日を作るというのをお勧めしたいと思います。

休日の1日を何もしない日と決めます。

その日は、会社から持って帰った仕事はしない、「仕事関係のメールチェックだけでも……」などもしません。たとえ軽い仕事であっても、その日は仕事は一切しないと決めてしまうんです。

「時間があるから普段できない風呂場のカビ掃除でも……」

それもしません。普段できていない家の用事をしたくなるのはわかります。でもその日はしないように決めてしまうのです。

時間があると遊びに出かけたくなってウズウズするかもしれません。でも、それもしません。

その日はお茶をしながらぼーっとしていたり、お昼寝をしたり、家でお酒を飲みながらくつろいだり、**体と神経を休めることだけをする**のです。

お金と時間に余裕がある人は、何もしない日に温泉旅行などを組み込むなども良いと思います。その温泉旅行に行く目的は何もせず体と神経を休めやすくする環境に身を置くためです。

そこでも何もしないんです。ご飯は旅館の人に出してもらい、布団も旅館の人に敷いてもらい、本人はお風呂に入ってぼーっとするだけ。観光名所巡り、アクティビティーなんかもしたくなるかもしれませんが、それは何もしない日とは別の旅行でしましょう。何もしないために温泉旅行に行くわけですから。

普段、ゆった~りしたリズムで生きていない方は、この何もしない日を過ごすのは、最初は落ちつかないかもしれません。だけど何度もそういう時間をとっていき、慣れてくると気持ちいい時間に変わっていくでしょう。心と体をゆっくり休められるといいですね。

がんばって「何もしない」をする

「しなければいけない」を「できればしたいなぁ」に変えていく

しなければいけないと思うことが増えてくると、気になることが増えていくことがあります。

しなければいけないと思うことを順調にこなしているときは、問題は全くありませんが、しなければいけないと思っていることができていないときに、私たちは気になってしまうのです。

たとえば、家の中をきれいにしなければ、と思っている主婦の方がいたとします。

水回りもきれいにして、フローリングも水拭きして、換気扇の掃除の油汚れもとって、洗濯機のドラムも洗浄して、風呂カビもとらなきゃいけないし、きれいにしなければいけないのに、あんまりできていない。しているのは毎日掃除機をかけるくらい、しなければいけないのにできてないなぁ……。

という具合にしなければいけないと思っている度合いだけ、それができていないときに私たちは気になってしまいます。

先ほどの例のように、家をきれいにしなければと思うのは、とても素晴らしいことですね。でも、そう思うがために気にしてしまうのは、しんどいです。

家をきれいにするということを完璧にしようと思うと、時間がいくらあっても足りません。家事はいくらでも手を抜くことができますが、いくらでも手をかけることもできます。

きれいにしなければという思いが強く、きっちりしようと思いすぎるとできないことが多すぎて、手付かずのものが出てきてしまい、自分がしなければいけないことをしていないような気になってしまいます。

毎日掃除機をかけるだけでも、立派なことです。立派に掃除をしているにもかかわらず、家の掃除がちゃんとできてないなぁと思ってしまうのはもったいないです。

●「しなければいけない」は「できないとダメ」への第一歩

家の掃除で例を出しましたが、他のことでも一緒です。

・もっと仕事をバリバリしなければいけない

・もっとリーダーシップをとらなければいけない

・もっとパートナーとコミュニケーションとらなければいけない

・もっと子どもと時間を共有しなければいけない

しなければいけないと思っている度合いだけ、できてないことに関して気にしてしまいます。あなたにも、しなければいけないと思ってしまっていることで気になってしまっているということはありませんか？

そんなときは〝しなければいけない〟ではなくて、**〝できたらいいな〟**と思うことにしましょう。

たとえば、家の中を「きれいにしなければいけないはずなのに」……と思うのではなく、家の中を「きれいにできればいいな」と思ってみるのです。

すると、しなければいけないことではなく、できれば良いと思うことなので、できてなかったとしても気にしてしまうことが少なくなるでしょう。

あなたがしなければいけないのにと思っていることを、変換できるものはできるだけ、できればいいなぁに変換してしまいましょう。変換できた度合いだけ気にすることから解放されていくでしょうから。

・もっと仕事をバリバリしなければいけない
↓もっとバリバリできればいいなぁ

・もっとリーダーシップをとらなければいけない
↓リーダーシップをとれるようになれればいいなぁ

・もっとパートナーとコミュニケーションとらなければいけない

↓もっとパートナーとコミュニケーションをとるようにできればいいなぁ
・もっと子どもと時間を共有しなければいけない
↓もっと子どもと時間を共有できるようにできればいいなぁ

できたら素晴らしいことであって、できなくても自分を責めたり、ダメだと思わなくていいのです。気にしなくてもいいのですよ。

「しなければいけない」は、今日で封印する

5章

今の自分を愛することからはじめよう

～ありのままを受け入れる、認める～

気にしない自分になる自己嫌悪活用術

自己嫌悪があると人はそれを他人に知られないか気になってしまいます。

そしてその自己嫌悪の部分を隠そうとします。よせて、あげて、のせて（ブラジャー、シークレットブーツ、カツラのことです）……と、人はいろいろな形でコンプレックスを隠そうとします。私たちは自分が嫌だなぁと感じている面、恥じてる面、いわゆる自己嫌悪は隠そうとします。

そして自分でその部分を嫌い、愛していないように、人がその部分を愛してくれるとは信じられないと投影するので、その部分を隠し、人にその部分が知られないか、ばれないかを気にしてしまうのです。

そしてその自己嫌悪の部分を嫌い、恥じてその部分を直そうと考えます。

たとえば、人に嫉妬する自分が嫌だという自己嫌悪があったとします。

その嫉妬する自分のことは、人に知られたくないと思い、嫉妬する部分は人に見せないようにします。「嫉妬する自分を人に知られると幻滅されちゃうだろうな。嫌な感じの人だと思われちゃうだろうな」と、人もそこを嫌うと信じて、嫉妬をしてしまう自分を隠すのです。

そして嫉妬をしてしまうのを直そうと考えるのです。

「こんな自分じゃダメだって、嫉妬しない自分に変わらなくては」と。

でも、自己嫌悪の部分を直そうとはしないでください。

直そうという発想は、前提としてその部分がダメだと否定していますよね。ダメだから直さなければと思うのです。

そうすると、たとえば嫉妬する自分を直そう、嫉妬しないように変わらなければと思うとしたら、変わらなければ、変わらなければ、と思えば思うほど、そこがダメだから、そこがダメだから、そこがダメだからと自分を否定し、嫌い続けることになってしまいます。

これではますます自分の嫉妬という要素を嫌ってしまいますね。

自分を否定し、嫌い続けながら変わるという作業は心が疲れます。

だから、**「直そう」ではなく、「受け入れよう」**なのです。

人間だからそういう部分があってもいい、完璧でなくていいんです。

たとえば、「人間だから嫉妬するという部分があってもいい、完璧でなくていい」と思うことで、嫉妬する自分がいてもいいんだと受け入れてみるのです。

そしてその上で、嫉妬しないようになれたらいいなというように、「○○になれたらいいな」とか、「○○できたらいいな」と思ってみるのです。

直さなければと思っているときは、ダメだから変わらなければいけないと、自分を否定しながら変わろうとしています。

しかし、嫉妬する自分がいてもいいと自分をまずは受け入れて、そして嫉妬しないようになれたらいいなと思うのは、自分を否定せずに変わろうとすることになります。こちらの変わろうとする作業はラクなのです。

そしてこの考え方だと変われなかったとしても気にすることはありません。

自分じゃダメだからと思いながら変わろうとするのは、変われない自分はダメなままということになってしまいます。

しかし、一旦、自分を受け入れて変わろうとするのは、〝この自分でもいいんだ〟をベースにしているので、変われなかったとしても〝自分はダメだ〟を感じなくてよく、気にする必要がありません。

自分はダメだ↓だから、変わらないといけない

と、

自分はOK。でも、こうなれたらいいな

は似ているようで大違いなのです。

完璧な人はいません。人間だからそういう部分があってもいい、完璧でなくていいと思ってみてくださいね。

「直そう」ではなくて、「受け入れる」

誰かを批判しているとき、じつは自分を批判している

私たちは誰かを批判している時間、間違いなく自分を批判しています。

たとえば、ある女性の母親が心配性&過干渉で、30歳過ぎの大人になっても干渉してくるとします。

「今日は何時に帰ってくるの？　あんまり夜遅くなったら危ないから早く帰ってきなさいね」「今日はどこに行くの？　飲みすぎてホームから落ちる事故が多いって聞くから、あんまり飲みすぎちゃだめよ」などなど、その女性を心配し、ああしなさい、こうしなさい、こうしたほうがいいと干渉をするのです。

心配というのは愛情なのですが、過度な心配や、心配からくる過度な干渉があると、「心配してくれてありがとう」とはならず、「うざい」になってしまうことが多いんですよね。

その女性も、母への心配性&過干渉に関してうざいと思っており、「すぐ心配するのはやめて欲しい、もっと私のことを信頼してほしい」「いい大人なんだから何時に帰るとか、お酒を何杯飲むとかの判断はほっといてほしい」と思っていたりします。

その女性の彼氏が海外出張に行くことになったとします。海外旅行に行ったこともなく、日本を出るのは初めての彼氏。

するとその女性は彼のことを心配するのです。

「海外は日本と違って治安が悪いから夜は1人で歩いてはダメよ、あと水道水はお腹を壊すから飲まないようにね」。彼は笑って「大丈夫だから。そんなの知ってるよ」と言うのですが、彼女の心配は止まらず、ああしたほうがいい、こうしたほうがいいということをいっぱい言ってしまいます。

そして、彼女は気にしてしまうのです。心配性の自分って嫌だなぁ、干渉しすぎる自分で嫌だなぁ、と。

この女性がお母さんの心配性の部分、過干渉の部分を批判している度合いだけ、自分の心配性の部分、過干渉の部分を批判してしまうのです。つまり自己嫌悪をしてしまうのです。

これが先ほど挙げた、**人を批判しているときは自分を批判する**という意味です。

先ほどの女性が、お母さんの心配性&過干渉をものすごく批判していると、自己嫌悪のエネルギーもものすごく大きくなります。

この女性が、お母さんの心配性&過干渉をちょっと批判していると、自己嫌悪のエネルギーはちょっとになります。

私たちは人を批判する分だけ自分を批判するんですね。

天に吐いたツバが、自分に返ってくる法則と似ているかもしれません。

逆に言うと、人への批判をやめていくと、それが原因での自己嫌悪もなくなっていくことになります。

自己嫌悪をなくす方法として、先ほどの項目では自分を受け入れるということを紹介してきましたが、別の方法として人への批判をやめるという方法もあるのですね。

たとえば、先の女性の例だと、心配性&過干渉のお母さんへの批判をやめていくわけです。

「私は彼を愛しているから、心配したり干渉したりしてしまうことがやめられない。それと同じように、お母さんも私のことを愛しているからやめられないのか。あまり悪く思うのはやめていこう」

と、お母さんの批判をやめていくと、それが要因の自己嫌悪はなくなっていくのですね。

すると自己嫌悪が要因で起きていた、気になるクセもなくなっていきます。

あなたのために誰かの批判をやめていけるといいですね。

そして、自己嫌悪がなくなり、今の自分をより愛せるといいですね。

やめるとなくなる、魔法の法則を知っておく

いつまでたっても変われないときは…

クヨクヨする自分から脱却したい、気にしない自分に変わりたい！　と思うのは素晴らしいことですね。

でも、そう思っているのに、なかなか変われないこともあります。

すると、「またクヨクヨしている」「また気にしている」と変われない自分に、またクヨクヨしてしまったり、なかなか変われないなと気にしてしまうのです。

その気持ちはわかります。

そう思う人は、おそらく変わろうという意欲が高い人だと思います。**その意欲を高く持っているということは、素晴らしい**ことです。

まずは、その素晴らしさを知ってくださいね。

変わりたい！　その気持ちがあまりない人は、変われなくてもそんなに気にならないと思いませんか？「まぁ、変われたらラッキーかな」くらいの軽い気持ちだとしたら、変われなかったとしても気になりませんよね？

●その心、いつからありますか？

意欲があるのに変われない。これには、それなりの理由があるのでしょう。

あなたのクヨクヨしてしまいがちな心、気にしてしまいがちな心は、いつからありますか？　それは、どうしてできたのでしょう？

10年前からあるという人もいれば、20年前からあるという人もいるでしょう。大失敗をしてから自分に自信がなくなってクヨクヨ気にするようになったという人もいれば、子どもの頃から否定ばかりされてきたので自信が育たずクヨクヨするようになったという人もいるでしょう。

その理由は人それぞれであり、理由がみな違うので対策方法も違ってきます。クヨクヨする原因となっている過去の強烈な心の傷を時間をかけて癒すことで変われる人もいれば、ちょっとした考え方のヒントで変わっていく人もいます。

その人の**生きてきたバックボーンが違うので、変われない理由も、変わる方**

法も、変わるのにかかる時間も違ってきます。

また、クヨクヨして気にしてしまう歴が20年あったとしたら、その心のシステムを20年間使い続けてきたことになります。その20年の間に、「やっぱり自分はダメなんだ、やっぱり自分は価値がないんだ」とクヨクヨする原因となる考え方を強化してきたこともあるかもしれません。

そんなに長年使い続けて強化してきた心のシステムを変えていくわけですから、それなりの時間もいるのでしょう。クヨクヨして気にしてしまう歴が1年の人よりもそれなりの時間がいるでしょう。

3か月で変わる人もいれば、3年くらいかかる人もいれば、もっと時間が必要な人もいます。変わるのに時間がかかるのにはそれなりの理由があるのです。

それなりの理由があるから、なかなか変われない自分を責めなくていいし、気にしなくていいんです。

変われない理由も、変わるための対策方法も人それぞれ違うと書きました。

だからカウンセリングでは「クヨクヨしているときはこう考えればいい」と

いう決まったアドバイスをお渡しするのではなく、その人その人の心理パターンと、それができた理由を見つけていき、内容を分析して、その方にあった対策方法を提案しています。クライアントさんに聞くと、自分ひとりで変わろうと頑張っていたときよりも、効果はやはり早く出るようです。

自分で変わろうと考えているときは、自分が持っているある一定の思考パターンの中から、「クヨクヨしない自分になるために○○というふうに考えていこう」「○○ということがあったらこう考えよう」と考えるので同じような結果が出る考え方になりがちなんです。人に相談すると自分の思考パターン以外の発想からのアドバイスが出てくるので違う結果を得やすいのです。

なかなか変われないなぁというときは、人に相談してみるのもアリです。

そして変われたら素晴らしいことであって、変われないことがダメなことではないんだと思ってくださいね。

クヨクヨ歴が長いことも気にしない

気にしすぎ屋さんにある、こんないいところ

何かにつけ気にしすぎる人は、もしかして気にしてしまうところのネガティブな一面ばかり見ていませんか？

気にしてクヨクヨしてしまい心が疲れる。気にしてイライラしてしまい心が疲れる。気にして何かに捕らわれてしまって心が疲れる。

などなどのネガティブな一面ばかりを見ていませんか？

ちゃんと、ポジティブな一面も見ていますか？　ポジティブもちゃんとありますよ。

ポジティブな面とネガティブな面は表裏一体です。

たとえばリーダーシップをとれる人を、ネガティブな見方をすると、強引で人の気持ちをおざなりにしてしまう人と言えます。

また優しい人のネガティブな面は、優柔不断ということにもなります。
同じように気にしすぎ屋さんにも、ポジティブな面とネガティブな面があります。

ネガティブな面としては、気にしすぎて心が疲れるという面があります。ポジティブな一面として、人の気持ちへの配慮があったり、空気を読むのがうまかったり、危機管理能力が高かったり、人を不快な気持ちにすることが少なかったりという面があります。

私はカウンセリングで、**問題の裏には才能がある**という考え方をすることがあります。

経験した問題（恋愛問題、離婚問題、親子関係での問題、子育ての問題、職場の人間関係での問題、傷ついたこと、悲しかったこと、寂しかったこと、悔しかったこと、つらかったこと）が、あなたの価値・魅力・才能に変わっていくという考え方です。

たとえば、子どもの頃に親にあまり話を聞いてもらえなかった経験がある人は、話を聞いてもらえない寂しさを知っています。すると、話を聞くことの大切さを知っているので、話を遮《さえぎ》って自分の話をしたりせずに相手の話をじっくり聞いてあげたりします。相手の話をじっくり聞くのが上手という才能を持っています。

この人のパートナーや、子どもになった人は、話を聞いてもらえるので幸せですね。

気にしすぎ屋さんは、悩んでいる人の気持ちに寄り添うのが上手という才能があることが多いです。

気にすることにとらわれてしまうつらさを経験しているので、それがいかにつらいことなのかがわかります。いったんとらわれてしまうと、そこからなかなか抜け出せないことも経験しています。

そういうつらい経験がない人は、悩んでいる人に「いつまでクヨクヨしているの、気持ちを切り替えなさいよ」と言ったりします。抜け出せない気持ちがわからないので、言っちゃうんですね。

でも、気にしすぎ屋さんは、そんなことは言いません。「気持ちを切り替えるのが難しいときもあるよね」と、悩む人に寄り添ってあげられるのです。悩んでいるときって、これがホントにありがたいんですよね。

だからカウンセリングで私は、気にしすぎ屋さんに「あなたは人の癒しになってあげられる人なんですよ」とお伝えしているのです。

人の気持ちへの配慮があったり、空気を読むのがうまかったり、危機管理能力が高かったり、人を不快な気持ちにすることが少なかったり、悩んでいる人の気持ちに寄り添うのが上手という才能があったりという、何かを変えなくてもすでに持っている、あなたのポジティブな面も知っていてくださいね。

気にしすぎも才能。誰かの役に立つのです

どんなときも自分の味方でいるという考え方

自分のことを愛するために、自分の味方でいるという考え方を日常に取り入れてみませんか？

誰かが自分の味方であるとき心強いし、嬉しいですよね。

両親が味方をしてくれた。友達が味方をしてくれた。同僚が味方をしてくれた。パートナーが味方をしてくれた。そんなとき、嬉しいと思うのです。

「誰がなんと言おうとも、私はあなたの考え方を尊重する」

そんなふうに誰かが味方であってくれると嬉しいと思います。

その味方に、あなた自身を加えてみるという考え方をしてみましょう。

人生で一番長く一緒にいて、常にそばにいるのは親でも、友人でも、同僚でも、パートナーでもありません。自分自身ですよね。

味方である人も常にそばにいるわけではないので、必要なときに味方からの愛ある言葉を得られるわけではありません。だから、常に自分と一緒にいるあなたが自分の味方でいようと思ってみるのです。

世の中いろいろな価値観があります。仕事が命という価値観の人がいます。その価値観は間違っているわけではなく、その価値観がその人の人生を幸せにしていればそれでいいのです。

ただ、あなたが持っている価値観とは相容《あい》れない場合があったりします。それもお互い違う価値観でいいよねと認め合える環境であれば問題ありませんね。しかし、長い人生の中では、あなたの価値観と違う人が多数派だったり、あなたの価値観に賛同してくれない人がいたり、あなたの価値感を非難してくる人がいる環境に身を置くことになるかもしれません。

たとえば、Aさんという人がいたとします。Aさんが身を置く環境は、仕事が命という価値観の人が多い職場。しかしAさんは仕事が命ではなく、家族との時間を大切にするというのが重要なことという価値観です。

仕事が命という職場の人が「社会人だったら仕事のことを一番に優先するべきだ。家族との時間を大事にするとかよりもまず仕事。会社から給料を貰っているのだからそれが当たり前だ。子どもの入学式なんかで簡単に有休をとる人もいるけど、私は、それは社会人としてどうかなと思う」と言うと、同じ価値観の人たちが「そうだよね」と言うのです。

Aさんはそれとは違い、家族との時間を大切にするという価値観で子どもの入学式などには子どものそばにいてあげたいと思っています。

周りは自分の価値観とは違う人が多数派なので、そんな中で子どもの入学式のために有給休暇をとりにくい気持ちになってしまいます。

そんなときにAさんは自分の味方になる考え方をします。誰かが味方になってくれてかけてくれると嬉しい言葉を、Aさん自身が自分の味方になるつもりで、その言葉をかけるのです。

「人にはいろんな価値観があって私とは違う場合もある。仕事が命という価値観があってもいいけど、私は違う価値観でいい。私は家族との時間を大切にする価値感を大切にしたい。誰がなんと言おうとも私はこれを大切にしていい」。そしてAさんは自分自身が大切にしたいものを大切にするための行動をとるべく有給休暇の申請をするのです。そして、子どもの入学式に参列して子どもの笑顔を見るのです。

このように自分の価値感が少数派になったり、また自分が間違っていないのにもかかわらず非難され、自分の価値感に迷いが出てきたりしたときに自分の味方になるという考え方を使ってみるのですね。

そうすることで自分の価値感をブレずに持てるようになり、気になることをやわらげられることがあるでしょう。

自分の味方になると自分のことを肯定することが多くなると思います。

それは今の自分自身を愛することにつながることでしょう。

自分の味方に、自分もメンバーに入れる

「ありのままの私で価値がある」と自分に言ってあげよう

赤ちゃんの頃は離乳食をボロボロこぼしながら食べても「よく食べたね」と肯定してくれるなど、多くのことを受け入れられます。

しかし、少し成長して大きくなってボロボロ食べ物をこぼすと「こぼさず食べなさい」と言われたりします。しつけが始まるとそうなります。

前は受け入れてくれたことが、受け入れられなくなることで、子どもはハートブレイクを感じます。そして自分への興味や愛が減ったように感じます。

すると、減った興味や愛を取り戻そうと、子どもは頑張りだします。

お手伝いをする、勉強で良い点をとる、期待に沿うようにする、などなど何かをすることで減った（と感じてしまっている）親の興味や愛を取り戻そうとします。すると、「すごいね」「良い子だね」と肯定的なメッセージを得ることになります。

そこで自分への興味や愛が戻ってきたように感じます。

利得という言葉があります。文字通り、利益を得するという意味です。何らかの利得のために、そのままの自分をやめ、新たな自分を作っていくということがあります。

たとえば、子どもが「あんまりうるさくするとパパやママはいい顔をしない。さわぐ自分じゃ愛されないんだな。良い子にしよう」と思ったとします。これはパパやママに愛されるという利得のために、そのままの無邪気な自分をやめて、パパやママにとって良い子と思われる自分を作ったりするわけです。

パパやママに、おじいちゃん、おばあちゃんに、友達に、学校の先生に、愛されるために、褒められるために、嫌われないために、恥をかかないために、怒られないために、などの何らかの利得のために、あなたは何かになろうとしたことはありませんか？

それをたくさんしているうちに、何かしないと愛されないの？　何かしないと価値がない存在なの？　役に立たないと価値がないの？　という感覚が芽生えることがあります。これを**無価値感**と言います。

子どもの頃のこの気持ちが癒えずに心に残っている人は、大人になっても、何かしないと愛されないの？　何かしないと価値がない存在なの？　役に立たないと価値がないの？　という感情が刺激されがちな傾向があります。

職場や、恋愛で、そのような感情を感じがちになるのです。

たとえば、恋愛のシーンで、「役に立つ人でいないと人から愛されない気がして不安……」などです。

特に資本主義の社会は競争原理の価値感でできているので、この社会に生きていると競争に打ち勝つために役立つ能力が求められ、それに応えることで評価されがちです。そういう社会に生きているので、求められることに沿う役に立つことをしている私は価値がある、有能であるから価値があるという価値感が強化されがちです。

そういう価値感も大切ですが、そればかりだと生きづらいです。

私は何かしないと愛されないの？　何かしないと価値がない存在なの？　相

手の役立つ自分じゃないと愛されないの？ が気になると心が平和ではありませんね。

「ありのままの私に価値がある」と自分に言ってあげましょう。

そんな価値観も持っていたほうが生きやすいと思います。

何かができる、役立つことができるのはあなたの素晴らしいところですね。だからといって、これらがなくなるとあなたは素晴らしくないのかというとそうではないと思います。

・仕事をバリバリしてお金を稼ぐことができる
・相手の望むことを察することができる
・料理、洗濯など相手に役立つことができる
・周りに合わせることができる

これらがなくなるとあなたには価値がなくなりますか？

そんなことありませんよね？

それらがなくなったからといって、あなたの優しさ。あなたと一緒にいることで感じる、柔らかさ、あったかさ。あなたの笑顔を見て感じるほっこりさ。あなたの無邪気さ。あなたの純粋さ。あなたのユニークさ。あなたのユーモア。あなたの愛。それらがなくなるわけではないです。

何かができる、役立つことができるというあなたの素晴らしさを差っ引いて、そこに残るありのままのあなたにも価値があります。

ありのままのあなたで、価値があるのです。

そのことをご自身に言ってあげてくださいね。

何度も、何度も、ご自身にその言葉を言ってあげ、その価値感を強くしていきましょう。心にその言葉を染み込ませていくのです。

そうすると私は何かしないと愛されないの？　何かしないと価値がない存在なの？　相手の役立つ自分じゃないと愛されないの？　ということが気にならなくなっていき、心に平和がおとずれますから。

「ありのままの私で価値がある」――それが真実なのだと思います。

何かしなくても、何かになろうとしなくてもＯＫ

おわりに

最後までお読みいただき、ありがとうございました。

あなたの取り巻く状況や、ハプニングが起こった直後、少し時間が経過した後などのタイミングによって、この本に書いたことが使える、使えないなどもあるかと思いますが、少しでもお役に立てれば幸いです。

つい、気にしすぎる自分がいるあなたは、おそらく責任感が強い人、真面目な人、心根が優しい人、などなどの良い人なのでしょう。それはあなたの魅力であり、素晴らしいことと思います。そんな良い自分のことを、「私は素晴らしいところを持っている人なんだ」と誇ってみてくださいね。

あなたの、つい気にしすぎてしまうことが減って、心おだやかに過ごせたり、楽しさや、喜び、充実感が増えていくように祈っています。

本当にありがとうございました。

愛をこめて　**原裕輝**

青春文庫

つい「気《き》にしすぎる自分《じぶん》」から 抜《ぬ》け出《だ》す本《ほん》

ちょっとした心《こころ》のクセで損《そん》しないために

2019年3月20日　第1刷

著　者　原《はら》　裕輝《ひろき》

発行者　小澤源太郎

責任編集　株式会社プライム涌光

発行所　株式会社青春出版社

〒162-0056　東京都新宿区若松町12-1
電話 03-3203-2850（編集部）
03-3207-1916（営業部）
振替番号　00190-7-98602

印刷／中央精版印刷
製本／フォーネット社

ISBN 978-4-413-09718-5